资本农民

——土地流转与农民的保障

董志龙 著

人民出版社

策划编辑:郑海燕

版式设计:东昌文化

责任校对:吕　飞

图书在版编目(CIP)数据

资本农民:土地流转与农民的保障/董志龙 著.

　-北京:人民出版社,2013.11

ISBN 978 - 7 - 01 - 012826 - 9

Ⅰ.①资…　Ⅱ.①董…　Ⅲ.①农业用地-土地流转-关系-农民-土地

　所有权-保护-中国　Ⅳ.①F321.1

中国版本图书馆 CIP 数据核字(2013)第 268266 号

资本农民

ZIBEN NONGMIN

——土地流转与农民的保障

董志龙　著

人民出版社 出版发行

(100706　北京市东城区隆福寺街 99 号)

北京盛世双龙印刷有限公司印刷　新华书店经销

2013 年 11 月第 1 版　2013 年 11 月北京第 1 次印刷

开本:710 毫米×1000 毫米 1/16　印张:15.25

字数:118 千字

ISBN 978 - 7 - 01 - 012826 - 9　定价:38.00 元

邮购地址 100706　北京市东城区隆福寺街 99 号

人民东方图书销售中心　电话 (010)65250042　65289539

前　　言

　　中国是传统的农业大国,千百年来,土地一直是国计民生的核心与基础,有史以来一直到新中国成立初期,农业经济一直占据主导地位。据相关资料统计,新中国成立初期全国农业人口占 90% 以上,国家经济绝大部分来源于农业,即来源于土地。

　　新中国成立以后,随着工业经济的发展,农业经济占国民经济的比重不断减小。20 世纪 80 年代改革开放以后,实施了土地联产承包责任制,土地使用权回到了农民手中,部分农民从土地中解放出来成为城市务工人员,促进了城镇化的实施。由此,土地流转浮出水面,而土地流转中产生的问题也成为影响社会安定与和谐,决定农村人口脱贫致富,以及如何享有社会保障的根本性民生问题。

2013 年,中国社会科学院社会学研究所、社会科学文献出版社发布的《2012 年社会蓝皮书》首次披露,2011 年中国城镇人口占总人口的比重,数千年来首次超过农业人口的比重,达到 50% 以上。据蓝皮书披露,在城市化进程中,29.7% 的农业户籍人口已经居住在城镇,他们不再务农。完全从事农业劳动的人口已下降至 40% 左右,兼务农业和非农职业的农业人口占 13.4%。

这个数字说明,大量农业人口在向城镇人口转变,而 40% 左右这个比例与发达国家比较,仍然很高。比如:美国农业人口比例为 2.4%、加拿大为 2.8%、法国为 3.2%、英国为 1.9%、德国为 2.8%、日本为 3% 左右,韩国只有 8% 人口从事农业,我国的台湾也只有 6%。

对比与分析以上数据,我国的工业化路程仍然很长,农业人口向城镇人口转化也必然是一个长期趋势,而由此带来的城镇扩容以及工业发展对农用地的征用,以及农业人口剧减带来的农村土地闲置或非规范流转,以及农民身份的转换和如何享有城镇居民社会保障的问题则是一个必须处理好、规范好的大问题。

　　说到底，这是一个关系到农业人口能否顺利转化为城镇人口、工业化之路是否顺畅、经济与社会转型能否顺利实现、失地农民能否顺利进入并享有城镇人口社保福利体系的大问题，也是能否提高社会和谐程度与提高社会富裕程度及幸福指数的根本问题。

　　简单地说，土地流转以及工业化与城市化等一系列问题主要涵盖三个主要方面：一是如何解决好城镇扩容以及工业征用地的标准与规范问题；二是如何解决好土地流转与充分发挥农用地效用问题；三是如何解决好失地农民的保障问题。

　　以此出发，本书将以经济社会转型以及城市化为背景，以土地流转与农民的保障为核心，从国家农业用地现状、土地政策、城市化路径、农业人口的保障水平等主要方面出发，系统探讨国家工业化、城市化过程中土地流转机制与农民的保障等关系国计民生的重要问题的各主要方面，并尝试提出解决这些问题的具体办法。

目　　录

1

第一章　农村土地与权益

　　土地是国之根本,土地也是民生之本——土壮而民肥! 这是千百年来中国社会形成的经典观念,也是一种朴素的真理。在我国辽阔的国土中,农用地的使用频率最高、与人们的生活关联也最为密切,因此也备受瞩目。而了解与把握我国农用地现状既有利于熟悉国情,亦有利于把握"三农"问题的核心与新农村建设的发展方向。

一、农用地现状

　　随着工业经济的飞速发展,农业经济在国民经济

1

中的比重逐渐下降,但保护并做好农用地的经营仍然是不可动摇的基本国策之一。在国土总量中,农用地是国土总量中使用程度与使用频率最高的部分,与占比较高的林业用地与牧业用地草原不同,农用地的主要成分是耕地,是粮食安全的保障,其价值与意义不言而喻。

总体上来说,尽管我国幅员辽阔,但农用地总量与质量并不乐观,大体上说,在国土总面积中,山地(含丘陵)占三分之二左右,适合于耕作的平原只占三分之一左右。按土地使用方式来大体估算,在我国陆地面积中(不含台湾省),耕地只约占 13.7%,园林地约占 1.1%,林地约占 23.9%,牧草地约占 28.0%,居民点工矿用地和交通用地约占 3.1%,水域约占 4.4%,未利用土地约占 25.8%。由此可见,耕土在国土总面积中占比是很小的,也就是说,在国土总量中,适合耕作的土地并不多。而从现有耕地的质量上来说,堪可忧虑,不但退化较为严重,并且耕地的后备储量资源也较为缺乏。特别是近二三十年来,由于人口大量增长和粗放式的农业生产方式,使我国土地资源的退化状况愈趋严重。主要表现为:水土流失(或称土壤侵蚀)、土地荒漠化、草原退化、次生盐碱化和沼泽化以及土壤污染等。

据相关资料统计,水土流失较为严重的是黄土高原和长江中上游,其次是北方石山区(如太行山区)、华南红壤丘陵山区和东北黑土区以及川、滇、藏接壤的横断山区。据估算,年流失土壤达22亿多吨,仅通过三峡下泄泥沙即近6亿吨。黄河、长江两流域一年流失氮、磷、钾4400万吨,超过中国化肥一年的施用量。全国土壤流失的总面积高达27亿亩,仅1957—1987年,我国就因水土流失而减少800多万亩耕地,加重了耕地资源的危机。

此外,土地荒漠化也是威胁耕地的一大杀手。土地荒漠化是指干旱、半干旱及部分半湿润地区,由于人为不合理的经济活动,如过度垦殖,破坏了原本比较脆弱的生态平衡,使得原来并非荒漠的地区出现了类似荒漠景观的环境退化过程。

土地荒漠化是当前人类所面临的重大生态危机之一。根据联合国环境署的资料,全球受到荒漠和土地荒漠化影响的地区有32亿公顷,占全球陆地面积的四分之一,其中55%分布在非洲,15%分布在亚洲,并以每年600万公顷的速度增长。预计到下世纪初,全球将要损失的土地相当于现有耕地的三分之一。

　　据相关研究与统计,我国荒漠化土地面积约17.6万平方公里,其中约5万平方公里为近五十年形成,另有潜在荒漠化危险的土地面积15.8万平方公里。目前,我国约有6000万亩农田处在荒漠化威胁之中。虽然有些局部地区的土地荒漠化得到遏制,但从总体上看,土地荒漠化仍在加速扩展和蔓延。

　　土壤盐碱化也是耕地质量的威胁之一。土壤盐碱化通常在干旱、半干旱、半湿润气候区及受海水浸灌的海滨低地地区发生,主要原因是灌溉不当、用水过量等原因引起地下水位上升,造成土壤中的盐分积聚。目前我国盐渍土地总面积约14.87亿亩,其中,盐渍土壤约5.54亿亩,潜在盐渍化土壤约2.6亿亩。全国受盐碱化危害的耕地1.4亿亩,主要分布在新疆、河西走廊、柴达木盆地、河套平原、银川平原、黄淮海平原、东北平原西部以及滨海地区。

　　除此之外,草原退化、土壤污染现象也十分严重,据粗略统计,目前全国草地不同程度沙化的面积在30亿亩左右,占草地总面积的50%,全国牧区至少有4500万亩草地发生次生盐碱化。而土壤污染则直接危及着农田,土壤污染主要由工业"三废"和农药、化肥等造成。据测算,目前全国约有20%—30%的地表水因污染而不符合农田灌溉水质标准。个别地区工矿区附近的农田上空二氧化硫及酸雨污染相当严重。据相关统计,因工业"三废"污染的农田约 1.5 亿亩,较 20 世纪 80 年代初期增长了 2.5 倍。受农药和劣质化肥严重污染的农田有 2.4 亿亩。两者合计已近 4 亿亩。

总结这些危害国土资源的因素,共计约有 80.88 亿亩土地在不同程度地退化,占全国土地总面积的 56.2%,我国的土地危机由此可见。尽管近年来国家采取了种种有效措施,但距离山清水秀、美丽家园的距离还很远。

而从发展战略的角度来说,土地资源归根到底是最主要的自然资源,它不仅是任何物质生产不可替代的生产资料,也是人类生存和必需的物质条件。土地利用方式的好坏直接关系到人类发展的前途。实现土地资源的可持续利用必然会对可持续发展战略的全面推行奠定坚实的基础。

与国土资源的总体趋势有所不同的是,耕地总量在受自然灾变危害的同时,也在承受着人为因素的破坏而缩减。

新中国成立以来,全国农用地的总量一直处于波动性变化之中,有研究人员经统计确认,自 1949 年新中国成立以来,我国实有耕地面积一直处于增长状态,至 1957 年我国耕地统计面积达到 16.77 亿亩的峰值。此后,自 20 世纪 80 年代起呈现缩减态势,1999 年后由于生态退耕以及建设用地的增速等原因引起耕地数量迅速减少,特别是近十五年来呈现加速减少的趋势。

1985 年,全国曾进行过一次土地调查。这次全国土地利用调查汇总的土地总面积为 94867 万公顷(不包括浅海大陆架的国土面积),耕地面积为 12518 万公顷,约合 18.78 亿亩,占土地总面积的 13.2%。

以此为基准,截取 1957 年到 1986 年这个时间段,至 1986 年之时,与 1957 年全国耕地总量的峰值相比,全国累计减少耕地 6.1 亿亩,净减少 2.3 亿亩。其中,平均每年城镇扩张侵占耕地 4500 万亩、乡镇企业占用耕地 1000 万亩、非农建设耕地 800 万亩、水土流失 600 万亩、农民建房占用 500 万亩、开发区占用 300 万亩、沙化 200 万亩。日积月累,半个世纪不到,全国农用地流失 20 亿亩,从 50 年代人均 2.7 亩下降到人均 1.6 亩。

至 2005 年,人均耕地面积下滑的势头仍然没有止步,据国土资源部公布的 2005 年度全国土地利用变更调查结果，至 2005 年时，全国人均耕地面积下降到 1.4 亩，仅为世界人均耕地面积平均水平的 40% 左右。总结耕地减少的主要原因，主要由于建设用地、灾害毁地、退耕还林、农业结构调整等因素导致的耕地面积的下降，尽管在政策要求下通过土地整理复垦开发补充了耕地减少，但耕地面积总体上仍然处于下降通道中。

针对耕地面积不断下降的现实，时任国务院总理的温家宝在耕地保护问题上，曾在不同场合多次谈及保护耕地问题，并提出了"18 亿亩耕地红线"这一标准，在 2007 年 3 月第十届全国人民代表大会第五次会议上，温家宝在政府工作报告中强调指出"一定要守住全国耕地不少于 18 亿亩这条红线"，并着重强调，"节约集约用地，不仅关系当前经济社会发展，而且关系国家长远利益和民族生存根基"，首次把保护耕地的重要性提高到民族生存根基的高度。

鉴于耕地保护的严峻形势，2008 年 10 月党的十七届三中全会上，明确提出坚持最严格的耕地保护制度，层层落实责任，坚决守住 18 亿亩耕地红线。划定永久基本农田，建立保护补偿机制，确保基本农田"总量不减少、用途不改变、质量有提高"等一系列政策与策略。不过，耕地面积下降的事实仍然不可能在短时间内扭转。

2011 年年初，全国人大农业与农村委员会在审议《发展改革委关于落实全国人大常委会对国家粮食安全工作情况报告审议意见的报告》时指出，"目前，我国耕地总面积约为 18.26 亿亩，比 1997 年的 19.49 亿亩减少 1.23 亿亩。人均耕地面积由十多年前的 1.58 亩减少到 1.38 亩，仅为世界平均水平的 40%"，再度凸显出我国严格保护耕地的极端重要性。

从全球耕地面积的角度来说，18.26 亿亩是一个什么样的水平呢？具体来说，18.26 亿亩只相当于全球耕地总面积的 7%，我国正依靠这仅占全球 7% 的土地养活着占全球 22% 的人口。这并不是一个值得骄傲的事，而是一个严峻的现实，这个现实也表明，必须严格保护并经营好这有限的土地资源，以保障粮食安全。

2013 年 3 月，第十二届全国人民代表大会第一次会议在北京人民大会堂召开，即将离任的温家宝总理仍然不忘"三农"问题，在政府工作报告中再一次强调"严守 18 亿亩耕地红线"。温家宝指出："必须坚持把解决好'三农'问题作为全部工作的重中之重，这是历史经验的科学总结，既管当前，也管长远，是长期指导思想。农村土地制度关乎农村的根本稳定,也关乎中国的长远发展,其核心是要保障农民的财产权益,底线是严守18亿亩耕地红线。"

温家宝在报告中还强调,毫不放松粮食生产,建设高标准基本农田,推广先进技术,增强农业综合生产能力,保障粮食和重要农产品的有效供给。要继续加大"三农"投入,加强农村基础设施建设和基本公共服务体系建设,推动城乡发展一体化,形成以工促农、以城带乡、工农互惠、城乡一体的新型工农、城乡关系。要采取有效措施,稳定农业生产经营队伍,积极培育新型农民。

简单地理解这段话的含义,就是"三农"问题是中国长远发展与稳定的基础,严守18亿亩耕地红线也是保障农民的财产权益。在城乡一体化建设中,要加大"三农"的投入,并培育新型农民。

从国土资源的退化,耕地的缩减,到国家出台保护耕地的一系列措施,让人们看到了国土资源的危机,也看到了耕地的危机,客观地说,国土资源与耕地的现状不能不让人产生一种危机感,而也许只有有了这种危机感才能唤起全民的国土意识,正视国土的现实,正视耕地的现实,并自觉行动起来保护耕地,抵制对耕地的非法侵蚀,杜绝污染,建设一个山川秀美、生机盎然的自然环境。

二、土地制度与政策沿革

土地是立国之本,也是民生之本。土地制度不但体现着一个国家的性质,也标志着一个社会的文明程度。从历史到今天,可谓沧海桑田,中国社会发生了翻天覆地的变化,但无论如何变化,土地制度仍然是国家的根本制度。

从纵向的历史来看,中国处于奴隶制与封建帝制时代的数千年中,农业经济占据绝对的主导地位,土地成为立国生民的基础资源,因而围绕土地的战争时有发生。特别是近代以来,人口的增长及土地资源的贫乏导致许多农民沦为贫民,遇到灾年,生活就会发生困难,这种情况直接或间接地促发了多次农民起义。

最早的是公元前 209 年陈胜、吴广领导的农民起义,当秦王朝急征暴敛,徭役赋税重加于民,民不聊生之时,农民揭竿而起,发动了以推翻秦王朝统治为目标的农民战争。此后,历史再一次重演,以农民革命取得胜利的汉朝并没有彻底解决好土地问题,东汉末年,豪强地主大量兼并土地,致使大批农民沦为奴婢或农奴,空前地激化了阶级矛盾,导致了张角领导的黄巾农民起义,历战八年,瓦解了东汉政权。

唐朝之时以土地为号召的农民起义再次发生,公元875年,山东菏泽人黄巢领导了历史上著名的"黄巢农民战争",高举"均平"的政治大旗,历时十年,从根本上动摇了唐王朝的腐败统治。明朝晚期的李自成领导的农民起义,就曾提出"均田免赋"的口号,民歌颂曰:"迎闯王,不纳粮。"反映出当时情况下,中国社会的土地矛盾,以及农民起义军对土地与赋税的诉求。

清朝末期的太平天国农民起义,在太平军占领南京前,也曾提出"薄赋税、均贫富","将来概免租赋三年","均田以赈贫穷"等口号。这些口号反映出当时中国社会生活中以土地为中心的主要矛盾和广大农民渴望减免封建剥削以至获得土地的要求。

太平军在1853年(清咸丰三年)于天京(今江苏南京)建都后,曾颁布了太平天国的重要纲领《天朝田亩制度》,其核心思想也是土地问题,所提出的"有田同耕,有饭同食,有衣同穿,有钱同使,无处不均匀,无人不饱暖"所依据的根本仍然是土地,所要建立的是一个绝对平均的理想社会。

在近代中国革命中,土地革命也是一个重要的核心。孙中山领导的辛亥革命,虽然不是农民革命运动,但他所提出的"三民主义"中,民生的核心是平均地权,私人永远不用纳税。

此后,在中国共产党领导下,中国社会进行了轰轰烈烈的土地改革,唤醒了千百万农民,打倒了地主阶级,取得了革命的成功,建立了新中国。

追索数千年来中国社会土地制度的演变历程,不但可以了解中国社会文明进步的脚步,也可以从土地制度方面理解社会形态的演变,并对目前的土地制度具有直观的借鉴作用。

归根到底,中国社会的土地制度就是围绕土地所有权与使用权的制度。在原始社会,土地属于氏族公有,集体耕作,平均分配。进入奴隶社会(夏商—春秋末年)以后,一切土地名义上属于国家公有,但最高统治者把土地层层分封给各级贵族世代享用,不过,这种分封的土地不得转让和买卖,诸侯还要向国王缴纳一定的贡赋。

在春秋之前,中国社会仍处于奴隶制时代,井田制是中国春秋以前土地公有制的实现形式。据考证,夏朝曾实行过井田制。商朝、周朝的井田制因夏而来。到西周时已经发展得很充分。到春秋时期,由于铁制农具和牛耕的普及,井田制逐渐瓦解。

所谓井田制就是把耕地划分为一定面积的方田,周围有经界,中间有水沟,阡陌纵横,像一个井字。一人耕种大约 100 亩(约合今 70 公亩)。100 亩为一个方块,称为"一田"。甲骨文中的"田"字也是由此而来。一井分为 9 个方块,周围的 8 块田由 8 户耕种,谓之私田,私田收成全部归耕户所有;中间是公田,由 8 户共耕,收入全归封邑贵族所有。但实际上并不是每块井田都是 900 亩,还存在诸如 800 亩、1000 亩这样的特殊情况。

井田制度是以井田为一种有效产权供给的制度,是对中国夏、商、周三代社会的农业生产方式及其制度结构安排的总体描述;同时也可以解释为微观经济活动如何与宏观价值构造相结合以实现资源包括自然资源与社会资源兑现率最大化的一种社会政治经济关系。结果,随着这种产权制度有效性的丧失而失去其现实意义,并退出历史舞台。

春秋晚期,齐国在管仲的倡导下实行了"相地而衰征"的办法,即按土地肥瘠的不同,征收不等额的租税，这是农业生产关系上的一次重大变革。这种变革在客观上也促进了土地私有化的诞生，在当时的情况下，由于生产力的发展，铁器与牛耕的普遍使用，使得人们具备了开垦肥沃荒地的可能。这些荒地不是君主分封的，因此种这些地的时候不需要缴纳赋役。大家都争着去种荒地。这样君主就收不到赋役了，为了征得赋税，统治者只好承认土地私有，并让拥有土地的所有者交税。比如鲁宣公十五年（公元前594年）的"初税亩"就是建立在土地私有化基础上的一个法令。"初税亩"从字面上解释，初，为开始的意思，税亩就是按土地亩数对土地征税。

"初税亩"是土地制度的又一次重大改革，从法律的角度肯定了土地的私有制，使我国历史从奴隶社会向封建社会的发展迈出了关键的一步。直接促进了农民开垦与耕田的积极性，促进了当时社会的经济发展。同时，初税亩制度也给奴隶制带来了致命的打击，为我国社会从奴隶制进入封建制拉开了序幕。

春秋末期，在秦国国君支持下，丞相商鞅实施了变法，"废井田"、"开阡陌"、"民得买卖"，即承认私人占有土地的合法性，允许土地自由买卖，推动地主经济的发展，由此，奴隶制时代的土地制度彻底崩溃，延续两千多年的土地私有制由此开始,中国社会开始进入封建时代。

　　此后,围绕土地的变法在历代都有发生,比较著名的有北魏太和九年(公元 485 年),孝文帝采纳汉人李安世之议,颁布了均田令,均田制由此诞生。所谓均田制,就是封建王朝将无主土地按人口数分给小农耕作,土地为国有制,耕作一定年限后归其所有。地主阶级的土地并不属于均田范围。北魏之后的北齐,以及隋朝与唐朝都沿袭了均田制。但由于战乱与天灾,富有的地主兼并实力弱小的农民的土地的现象十分严重,均田制终于无法推行,至唐德宗建中元年(公元 780 年)实行两税法后,均田制终于瓦解。所谓两税指的是地税与户税,在当时背景下,两税法具有积极意义。

　　此后,在土地制度变革中较有意义的主要还有北宋时期王安石变法中的方田均税法与青苗法。北宋治平四年(1067 年)宋神宗赵顼即位,立志革新,熙宁元年(1068 年)四月,召王安石入京,变法立制,富国强兵,改变积贫积弱的现状。于是,在王安石主导下,有关土地的变法中有了方田均税法与青苗法。青苗法颁布于熙宁二年九月。主要内容为以国家粮食储务平抑粮价,以低息向农民借贷以资农耕。

　　方田均税法颁布于熙宁五年(1072年)，主要内容为县官每年都要丈量土地，检验土地肥瘠，分为五等，规定税额。丈量后，到次年三月分发土地账帖，作为"地符"。分家析产、典卖割移，都以现在丈量的田亩为准，由官府登记，发给契书。以限制官僚地主兼并土地，隐瞒田产和人口。

　　王安石变法以"富国强兵"为目标，前后实施将近15年时间，但最终因触动了权贵的利益而被废止。

　　到了明代，土地制度改革方面较为有影响的是一条鞭法。一条鞭法是明代中叶后赋役方面的一项重要改革，全国推行一条鞭法从嘉靖九年(1530年)开始，其主要特点是将所有的赋役合并为一条，即折合成赋银，然后再行收缴。

　　一条鞭法具体反映了两个过渡：一是现物税和现役制向货币税过渡；一是户丁税向土地税过渡。

　　在赋税史上，一条鞭法是一件划时代的大事，它上承唐宋的两税法，下启清代的摊丁入亩。改变了历代赋与役平行的征收形式，统一了役法，简化了赋役制度，标志着赋税由实物为主向货币为主、征收种类由繁杂向简单的转变。

　　承接明代的一条鞭法，在清朝康熙、雍正、乾隆年间普遍实行了一种新的变法即摊丁入亩制度。摊丁入亩是清朝政府将历代相沿的丁银与土地相联系,并将丁银并入田赋统一征收的一种赋税制度,是中国封建社会后期赋役制度的一次重要改革。

其主要内容是将丁银摊入田赋征收,废除历代以来的人头税,摊丁入亩后,地丁合一,丁银和田赋统一以田亩为征税对象,简化了税收和稽征手续。

1926 年 10 月,近代中国的土地革命拉开序幕。为策应北伐军的北进,动员农民支持北伐,国民党在广州召开有大量左派参加的中央和各省区代表联席会议,通过《最近政纲》,规定"减轻佃农田租百分之二十五",减轻农民负担,统称"二五减租"。减租后,各类地租的租额,一般不得超过收获量的 30%,最大不得超过 45%。

抗日战争爆发后,中国共产党把第二次国内革命战争时期没收封建地主的土地分配给贫困农民的政策改为"减租减息"政策,规定在抗日根据地实行"二五减租",同时也对不同的地区和不同的地租形式做了某些变通的规定,并从 1939 年冬起开始执行,并一直持续到第三次国内革命战争时期。

总结中国共产党实施的土地政策,或称之为土地革命大体经历了七个阶段：

第一个阶段为国民大革命时期实施的打土豪分田地。

第二个阶段为国共 10 年对峙时期的土地政策，即依靠贫雇农，联合中农，限制富农，保护中小工商业者，消灭地主阶级，变封建半封建的土地所有制为农民的土地所有制的土改政策。

第三个阶段为抗日战争时期根据地实施的减租减息，农民交租交息即双减双交政策。

第四个阶段为解放战争时期的解放区的土地改革，即按 1947 年《中国土地法大纲》没收地主土地，实行耕者有其田，人均平分制度。

第五个阶段为新中国成立初期实施的废除地主土地所有制，实行农民土地所有制，从而彻底废除了数千年来的封建剥削土地制度，解放了农村生产力，为农业发展与国家工业化开辟了道路。

第六个阶段为（对农业）三大改造时期实施的以自愿互利为原则建立农业生产合作社，即人民公社时期的土地政策。

第七个阶段就是目前实施的联产承包责任制。所谓联产承包责任制，是中国农村集体经济组织实行的由生产任务承担者对其生产成果负责并按产量或产值计算劳动报酬的一种生产责任制。始于 20 世纪 50 年代的高级农业生产合作社时期，"文化大革命"中遭批判禁止，党的十一届三中全会后得到恢复并获得发展。

联产承包责任制在形式上有两种，一种是包产到户，一种是包干到户，两者的区别是包产到户主要是以土地等主要生产资料公有制为前提，限定生产范围与指标，以户为单位的承包方式；包干到户没有指标与生产范围限制，产品除向国家交纳农业税，向集体交纳公共提留外，完全归承包者所有。也就是"交够国家的，留够集体的，剩下都是自己的"。

联产承包责任制在承包内容上也有两种，一种是土地承包，一种是专业承包。土地承包就是在不改变土地集体所有制的前提下，按照农户人口、劳动力数量，将土地分给农户自主经营。专业承包较为复杂，主要指将集体所有的农、林、牧、副、渔、工、商等各业的生产过程承包到户或承包到组。由承包者自主经营，并向集体交纳一定量的利润。按联产承包责任制的制度设计，承包期一般为 30 年。

联产承包责任制的实施，极大地解放了农村劳动力，不仅极大地促进了农村经济的发展，也将大量农民从土地中解放出来,20 世纪 80 年代以来,从土地中走出来的农民工遍布全国,高峰时期高达 2 亿多农民工在城务工,为促进工业发展,促进城镇化发展奠定了基础。

2005 年 12 月 29 日,中国历史上空前绝后的大事年发生了,经第十届全国人民代表大会常务委员会第十九次会议决定:于 1958 年 6 月 3 日由第一届全国人民代表大会常务委员会第九十六次会议通过的《中华人民共和国农业税条例》自 2006 年 1 月 1 日起废止。也就是说,中国历史上存在了两千多年的"皇粮国税"自此终结。9 亿中国农民为此欢欣鼓舞,河北农民王三妮兴奋之余用省吃俭用攒下来的七八万元钱,铸"告别田赋鼎"以记其事。2006 年 9 月 29 日,鼎成,高99 厘米、重 252 公斤,鼎上铭文记述了从春秋时代到改革开放以来赋税变迁给农民生活带来的影响和变化。一段铭文这样写道:"我是农民的儿子,祖上几代耕织,辈辈纳税。今朝告别了田赋,我要刻铭,告知后人。"也许,这就是 9 亿农民的共同情感。

农业税的取消,标志着我国农村改革进入了一个新的阶段,这就是以乡镇机构、农村义务教育和县乡财政管理体制改革为主要内容的综合改革阶段。

废除农业税条例,只是新农村建设迈出的第一步,这一步,不但为千百年来的田赋税画上了一个漂亮的句号,也拉开了新农村建设的序幕。对推动城镇化建设,发展新型农业,以及科技在农业中的应用等都具有不可估量的深远意义。

三、土地所有权、经营权与转让权辨析

总结历史与近代中国革命,土地是一个重要的核心,中国共产党诞生以来,不论革命路线如何调整,政治风云如何变幻,始终围绕着土地,始终围绕着农民的利益。换句话来说,中国共产党正是依靠土地革命才赢得了广大农民阶级的欢迎与支持,在中国共产党领导下,中国社会历经了多次轰轰烈烈的土地革命与土地政策的调整,最终推翻了千百年来压在农民头上的土地私有化大山,消灭了地主阶级。新中国成立伊始,土地就破天荒地回到了人民的手中。

1949 年 9 月,新中国成立前夜,《中国人民政治协商会议共同纲领》形成,这个纲领第 27 条规定:"土地改革为发展生产力和国家工业化的必要条件。凡已实

行土地改革的地区,必须保护农民已得土地的所有权。凡尚未实行土地改革的地区,必须发动农民群众,建立农民团体,经过消除土匪恶霸、减租减息和分配土地等项步骤,实现耕者有其田。"从这一条款中我们看到,核心问题是承认了农民对土地的所有权,而保护农民对土地的所有权实现耕者有其田的出发点则在于消灭地主阶级,消灭土地剥削。

笔者认为,这个纲领中所使用的农民对土地的所有权并非一般意义上的所有权,而是一种占有权,至今为止,在有关土地的所有权、使用权或经营权、转让权之中,或者有关土地的种种关系中,提及占有权的只有2007年颁布的《中华人民共和国物权法》。事实上,土地归国家或集体所有,居民或农民可以占有,占有不等于经营,在占有的前提下,才可以有使用权与经营权或转让权。占有权是国家赋予社会公民或农民的特有权力,在目前的城市扩建或农村土地转让中,占有权与使用权不分正在给土地出让方带来巨大的利益损失。在后面的章节中我们将详细探讨这个问题。

现行的中华人民共和国宪法是在1954年9月第一届全国人民代表大会第一次会议通过的《中华人民共和国宪法》基础上经历次修正而来。最后一次修正结果是 2004 年 3 月 14 日第十届全国人大第二次会议通过的宪法修正案，即对第四部宪法进行了修订，这就是中国现在的宪法。

在 1975 年修正的宪法中，第六条第 2、3 款分别规定："矿藏、水流、国有的森林、荒地和其他资源都属于全民所有"，"国家可以依照法律规定的条件，对城乡土地和其他生产资料实行征购、征用或者收归国有。"第七条第 2、3 款分别规定："现阶段农村人民公社的集体所有制经济，一般实行三级所有、队为基础"，"在保证人民公社集体经济的发展占绝对优势的条件下，人民公社社员可以经营少量的自留地和家庭副业，牧区社员可以有少量的自留畜"。1978 年改革刚开始之时修正的宪法基本上沿用了 1975 年宪法的相应条文。

现行的修正以后的宪法中，第八、第九、第十条专门阐述了土地法规。第八条："农村集体经济组织实行家庭承包经营为基础、统分结合的双层经营体制。农村中的生产、供销、信用、消费等各种形式的合作经济，是社会主义劳动群众集体所有制经济。参加农村集体经济组织的劳动者，有权在法律规定的范围内经营自留地、自留山、家庭副业和饲养自留畜。"

第九条："矿藏、水流、森林、山岭、草原、荒地、滩涂等自然资源,都属于国家所有,即全民所有;由法律规定属于集体所有的森林和山岭、草原、荒地、滩涂除外。国家保障自然资源的合理利用,保护珍贵的动物和植物。禁止任何组织或者个人用任何手段侵占或者破坏自然资源。"

第十条:"城市的土地属于国家所有。农村和城市郊区的土地,除由法律规定属于国家所有的以外,属于集体所有;宅基地和自留地、自留山,也属于集体所有。国家为了公共利益的需要,可以依照法律规定对土地实行征收或者征用并给予补偿。任何组织或者个人不得侵占、买卖或者以其他形式非法转让土地。土地的使用权可以依照法律的规定转让。一切使用土地的组织和个人必须合理地利用土地。"

从现行宪法第八、第九、第十条中对土地所有权的规定中我们可以看出,目前宪法确定的土地所有权具有两种形式:一是全民所有即国家所有,二是集体所有。也就是说,宪法和法律不再承认城市土地(包括私房用地)属于单位所有、个人所有。而个体农民在法律规定的范围内经营的自留地、自留山的所有权当然也要遵守宪法的规定而没有所有权。所以,归根到底,土地,不论是城市土地还是乡村的土地,不论是荒芜的土地还是良田,都是公共资源。而任何侵占公共资源的行为都是宪法所不允许的,从这一角度来看,侵占城市公共资源,比如违背城市住房规定购房出租以谋利等都属于违宪的行为,限购令的出台亦是保护城市资源的重要举措。而非法侵占乡村土地,也属于对公共资源的侵占,同样是违宪的行为。

农村土地的集体所有制,以及联产承包责任制的实施,在客观上强化了农民的土地意识,也让农村的土地矛盾凸显出来,主要方面就是人多地少,正因为如此,大批农村劳动力进城务工成为中国社会一道独特的风景。此后,为了进一步推进农村的土地改革,继联产承包责任制后,国家先后推出了"两田制"、"四荒拍卖"等一系列措施。

所谓两田制,指的是将集体的土地划分为口粮田和责任田(有些地方叫商品田或经济田)两部分。口粮田按人平均承包,一般只负担农业税,体现社会福利原则;责任田有的按人承包,有的按劳承包,有的实行招标承包。承包责任田一般要缴纳农业税,承担农产品定购任务和集体的各项提留。两田制是在家庭承包经营的基础上,对土地承包方式的适当调整。

所谓"四荒拍卖"指的是农村的荒山、荒坡、荒湖、荒滩。这些山坡湖滩的所有者是村集体,但因为开发难度大,投资收益低,或产权主体不明引起收益分割难,而荒在那里,不产生什么收益。为了提高这些荒在那里的山坡湖滩的收益,通过拍卖,让一些人在有了明确的产权预期的情况下,将荒在那里的土地开发出来,产生出个人的也是集体和社会的收益。公开拍卖的是使用权,期限一般为 20 年,"四荒"拍卖所得款归村集体。

这一系列政策实施的同时,也促进了农村的土地流转。事实上,在家庭联产承包责任制实施之后,农村土地的所有权与经营权就已经产生了分离,这种分离在调动了农民积极性,扩大了农民自主经营权的同时,亦不可避免地为土地流转埋下了伏笔。

从"四荒拍卖"的原则中,我们可以看到农村的"四荒拍卖"实质上就是土地使用权或经营权的变更,而农村土地的流转大部分为耕地的流转,与"四荒拍卖"所产生的经营权的变更亦大同小异。

土地流转说开了就是土地经营权的转让,从宪法的角度来判别,宪法第十条中规定:"任何组织或者个人不得侵占、买卖或者以其他形式非法转让土地。土地的使用权可以依照法律的规定转让。一切使用土的组织和个人必须合理地利用土地。"从这里,我们可以看出,土地的使用权或称经营权的转让必须依据法律的规定来进行,并且,任何土地的使用必须具备合理性。

那么,也就是说,土地的转让要合理,被转让的土地的使用也必须合理。这是土地转让的前提,而具有土地占有权或使用权的责任人才具备出让土地的条件。

至此,土地的所有权、使用权或经营权、土地的转让权的内涵已经十分清楚了,唯一应强调的是,目前土地管理中,尚没有占有权这个概念,土地的占有权与土地的使用或经营权是一体的。笔者认为,在土地管理中,将土地的占有权与土地的使用或经营权分开是十分必要的,并且,这种分离能够更有效地处理好农民的利益。这方面,在后面的章节中再作探讨。

此外,还应该指出的是,根据"一国两制"、特别行政区高度自治的原则设立的香港特别行政区和澳门特别行政区,其土地虽然属于国有,但中央财政不从它们的土地批租中取得收入。在这两个特别行政区内,土地制度服务于当地实行的社会制度,这对于保持港澳地区的繁荣和稳定,发挥其在国家经济建设中的积极作用是积极且十分必要的。

四、土地流转

随着改革的深化以及城市建设与城市化的发展，土地征用与土地流转一度成为社会热点问题。按我国土地制度，城市土地属于国有土地，农村土地属于集体所有。在两种所有制之间，土地流转的方式是征用，按宪法规定的原则，城市扩张占用农用土地必须先依法有偿征用，然后才能出让土地使用权并按城市规划有偿转让所征用的土地。

1987年，深圳市首次出让国有土地使用权之时，曾引起很大社会反响。国有土地能否转让于商业用地成了社会公众广泛争论的话题，如此这般的争议最终于1988年宪法修正案中以法律的形式得到肯定，1988年的宪法修正案中，首次肯定了土地使用权通过市场流动的必要性，赋予土地流转以宪法地位。由此，正式打开了土地流转的闸门，催生出土地财政，并一度引发炒地热。在炒地热潮中，发家致富的大有人在，目前，历经商业地产调整后仍幸存的地产商们对此应谙熟于心。

随着土地流转的开始,土地管理成为社会管理中的重要方面,公民在土地拥有与使用方面的权利成为法律保障方面的重要内容。应改革发展的需要,1986年4月21日,第六届全国人民代表大会第四次会议表决通过了中国第一部调整公民间、法人间、公民法人间财产关系和人身关系的基本法律《中华人民共和国民法通则》,即我们通常所说的《民法通则》。此后的2009年8月27日,第十一届全国人民代表大会常务委员会第十次会议决定对民法通则中明显不适应社会主义市场经济和社会发展要求的规定作出修改,目前实施的即是这次修改后的《中华人民共和国民法通则》。尽管目前而言这部法典仍有待于进一步完善与修改,但在当时情况下,这部法典则是解决民事纠纷的重要依据,不仅从法律上明确了公民的财产关系,也为消解社会矛盾作出重要贡献。

《民法通则》第八十条规定:"国家所有的土地,可以依法由全民所有制单位使用,也可以依法确定由集体所有制单位使用,国家保护它的使用、收益的权利;使用单位有管理、保护、合理利用的义务。公民、集体依法对集体所有的或者国家所有由集体使用的土地的承包经营权,受法律保护。"

《民法通则》是最早赋予经营权以法律地位的法典,也是最早在宪法框架下确定土地与经营者产权关系的民法。

在第一部《民法通则》诞生后两个月,经第六届全国人民代表大会第十六次会议表决通过,《中华人民共和国土地管理法》颁布实施。此后,1998 年 8 月,进行了第一次修改,现行的《中华人民共和国土地管理法》就是 1998 年修改后颁布实施的,也称《中华人民共和国土地管理法实施条例》,习惯上人们简称为《土地管理法》。

《土地管理法》在进一步明确了土地的所有权、使用权与经营权之后,首次实施了土地登记证制度。并在第六条中规定:"依法改变土地所有权、使用权的,因依法转让地上建筑物、构筑物等附着物导致土地使用权转移的,必须向土地所在地的县级以上人民政府土地行政主管部门提出土地变更登记申请,由原土地登记机关依法进行土地所有权、使用权变更登记。土地所有权、使用权的变更,自变更登记之日起生效。"

此外,在第二十九条中,还规定了国有土地有偿使用的三种主要方式:"国有土地使用权出让;国有土地租赁;国有土地使用权作价出资或者入股。"事实上,国有土地的这三种转让方式也为农村土地流转规定了模式。

2002年8月,第九届全国人民代表大会常务委员会第二十九次会议通过了《中华人民共和国农村土地承包法》,进一步明确了农村土地承包的政策法规。在《承包法》第二章第五节中,详细规定了土地承包经营权的流转问题,首次以法律的形式确定了土地流转的合法性。《承包法》第五节第三十二条明确规定:"通过家庭承包取得的土地承包经营权可以依法采取转包、出租、互换、转让或者其他方式流转。"并详细规定了土地流转的相关细节问题。

2004年10月国务院28号文《关于深化改革严格土地管理的决定》指出:"在符合规划的前提下,村庄、集镇、建制镇中的农民集体所有建设用地使用权可以依法流转。"2005年7月,广东省政府制定了《广东省集体建设用地使用权流转管理办法》,明确农村集体建设用地使用权可上市流转,并通过招标、拍卖、挂牌和上网竞价四种方式进行,这意味着农村建设用地使用权流转进入了市场化的阶段。此后,广东省的做法在全国得到推广,全国的土地市场一片沸腾,炒地、拿地、炒作、土地商人川流不息……

2007 年 3 月 16 日，第十届全国人民代表大会第五次会议表决通过了《中华人民共和国物权法》，并于 2007 年 10 月 1 日起颁布实施。在《中华人民共和国物权法》中，继《中华人民共和国农村土地承包法》之后，再次以法律的形式明确规定了土地流转的合法性。因此，《中华人民共和国物权法》也是土地流转的法律基础。《中华人民共和国物权法》第十一章特别明确了土地承包经营权的一系列事项。

《中华人民共和国物权法》第十一章第一百二十五条规定："土地承包经营权人依法对其承包经营的耕地、林地、草地等享有占有、使用和收益的权利，有权从事种植业、林业、畜牧业等农业生产。"

第一百二十八条规定："土地承包经营权人依照农村土地承包法的规定，有权将土地承包经营权采取转包、互换、转让等方式流转。流转的期限不得超过承包期的剩余期限。未经依法批准，不得将承包地用于非农建设。"

第一百三十三条还明确规定："通过招标、拍卖、公开协商等方式承包荒地等农村土地，依照农村土地承包法等法律和国务院的有关规定，其土地承包经权可以转让、入股、抵押或者以其他方式流转。"

至此,从《民法通则》、《土地管理法》到《承包法》与《物权法》,通过一系列法律条款,土地所有权、经营权、占有权、转让权得到了明确的规定。土地流转有了详尽的法律依据,土地使用也有了明确的规范,为目前的土地流转奠定了法律基础。

以此为基础,土地流转的法律依据基本完善,土地流转可以市场化进行。简单地划分一下,土地流转可以分为农村土地流转与城市土地流转两部分,并且,这两大部分各有特点。

农用土地承包经营权流转的形式主要有转让、转包、互换、入股、"四荒"使用权拍卖(租赁)。农村集体建设用地流转的形式主要有出租土地使用权、直接转让土地使用权、土地入股、合营、其他形式。

农村集体建设用地流转的主要形式和特点有:一是随着乡镇企业发展的自身要求,企业间合并、兼并、重组及股份制改造改组,出现了集体建设用地使用权的转让;二是乡镇、村级集体经济组织为发展经济,以集体建设用地使用权作价出资或入股、联营形式兴办内引外联企业;三是因企业间债权债务等原因,司法裁定造成的集体建设用地使用权的转移;四是利用闲置的集体建设用地进行出租;五是近郊农民的宅基地以出租、抵押、转让而使得使用权人发生变动,即集体土地使用权随农民住宅转让、出租等;六是城市扩容对近郊农业土地的征用等。总体上说,不仅乡镇企业用地随着企业改制普遍流转,农村宅基地也随着房屋买卖或出租等进行流转。目前而言,农村集体土地使用权的这种转移具有普遍性,而未来随着城镇化的进行,农村集体土地使用权的转移仍将持续。

比较而言,城市土地流转相对复杂一些。按宪法规定,城市土地归国家所有,城市土地的使用需要国家土地出让,而城市扩容使用农村土地则需先征地,然后再出让使用权两个环节。

大体上来说,城市土地流转的主要形式与特点有:一是城市规划内的国土使用权转让,主要指商业地产的建设用地划批、拆迁或棚户区改造;二是城市扩容产生的城郊农业土地征用,然后有偿出让国有土地使用权;三是城镇企业或单位因不同原因产生的使用权变更或产权变更;四是城市公共建设产生的土地使用权的转变;五是城市招商引资引进外企产生的土地使用权的变更;六是城市储备用地的拍卖产生的土地使用权的变更等。

总的来说,土地流转是经济社会发展的必然需求,土地流转合法化,土地资源的有偿使用也让土地资源意识得到空前的强化。从经济发展的角度来说,土地流转促进了经济社会的发展,对城市升级以及农村土地的高效合理使用具有无法替代的积极意义,土地流转机制实施以后,土地资源与经济社会的发展更加紧密地联系在一起,为经济社会发展的综合筹谋提供了一个更大的舞台。

五、问题与对策

土地资源的有偿使用,土地所有权、占有权、使用权、经营权、转让权的明确,以及土地流转制度的实施,极大地促进了经济社会的发展,有效地提升了土地使用效能,与此相适应,土地市场也应运而生。

客观地看,我国的土地市场可以认为是一种新兴的经济成分,与实体经济的发展有着密切关联。从经济的角度来运营与经营土地则成为政府职能的一部分,从后来备受诟病的土地财政来说,土地市场的运营存在许多问题与弊病。土地管理在市场化过程中,也存在许多漏洞，给贪婪分子以可乘之机，并成为腐败的滋生地，据统计，在反腐败斗争中落马的高官百分之九十以上与土地相关。

客观地说，土地市场化让土地成为城市最大的存量资产，土地经济亦一度引领了中国经济的发展，成为经济社会发展的重要引擎，同时，也让土地管理成为一道难题。尽管地产业引领中国经济的发展策略招致了后来的诸多批评，由此带来的居高不下的房价仍然成为目前调控的目标，但在当时的经济发展状况下，不论如何，地产业的确为中国经济发展起到了引领作用，尽管这种策略被认为有欠健康。

随着经济转型发展以及土地财政的终结，经济社会的发展策略已发生了根本性变化，集中在一二线城市、曾风光无限的地产业也开始转向，而新一轮小城镇建设规划的出台能否再造地产辉煌则有待于未来的发展来证明。

对于经济社会改革的大环境来说，土地流转是一种适应经济社会发展需要的必然选择，而土地流转的管理也是一种新的尝试与挑战。在以往的土地流转中暴露出的问题足以说明，现行的土地流转制度仍存在许多隐忧，从长远的目光来看，土地流转仍存在许多隐含的社会风险。

大体上说,土地流转的主要流向是农业用地流向城市用地与工业用地,国有土地流向商业用地,农村土地开始规模化集中,金融资本开始进入土地流转市场参与土地买卖,还有部分土地流向了城镇居民投资或经营者手中等。

从农村土地流转来说,土地流转的根本目的在土地流转提案实施之际即存在不同的声音。土地流转提案主笔人全国政协委员姚克曾对媒体表示:"农业的规模化经营是进行土地流转的主要目的",并"希望政府建立成熟的土地流转机制"。

第十一届全国政协常务委员、农业部市场与经济信息司司长钱克明亦曾对媒体表示:"土地流转是'适度规模化',不应冒进","认为土地流转就是应该向大户集中,是搞规模化经营。其实,这不是中央的初衷。"

钱克明强调,我国之所以从 20 世纪 80 年代就开始允许农民把承包地流转出去,是因为担心土地撂荒,比如很多农民可能要外出打工,如果大片土地撂荒,就会影响粮食产量。中国搞农业规模化应该是适度的,要以分散经营为主,这是因为我们地少人多。土地是农民的生命线,随意流转出去,对农民的生活到底会有哪些影响,还要观察,不能盲目推动。可以说在农村社保制度没有建立健全的情况下,土地就是农民的保障制度。

这两种不同的观点事实上围绕着一个核心,那就是农业的规模化与农民的保障。一方面,农业规模化发展是长期趋势,另一方面,失地农民的保障必须合理解决。而在现阶段来说,土地规模化经营仍然是一个值得思考、慎重对待的核心问题。

总结土地流转中值得注意的问题,主要有以下几个方面:

第一,土地流转机制缺乏有效监督,土地流转成为腐败的滋生地。权钱交易、内幕交易时有发生;第二,土地流转直接导致了农业用地的减少,严重威胁了粮食安全,在严守18亿亩耕地的政令以及耕地补偿政策下,城市侵蚀农业用地的现象能否遏止仍然有待于行政政策方面的规范;第三,土地流转制度的实施,为金融资本进入土地兼并打开了大门,并为失地农民的增多埋下了隐患;第四,缺乏全局战略,从全局出发统筹兼顾,既推动城市化进程合理推进城市扩容,又促进农村土地规模经营并兼顾农民保障的政策机制尚没有完全形成;第五,失地农民生活保障问题,以及进城务工或被动城市化增加的社会流动人口,既增加了城市的负荷也产生了许多社会问题,诸如就学就业等都需要正确对待。

这些问题如果不加以妥善解决,必将成为影响经济社会健康发展,影响社会和谐稳定的障碍。笔者认为,解决这些问题,必须下大力气搞好机制建设,着重强化土地流转过程中的公开、公平、公正的三公原则,注重建设与完善土地流转各环节的监督机制,与合理的交易规则以防腐败的滋生;严守18亿亩耕地的底线,严格审批环节,谨防耕地补偿上的以次换好的现象,坚持征补平衡;对于农村土地流转要慎重对待,既要解决好失地农村的出路,也要解决好失地农民的生存保障等一系列问题,以杜绝影响社会安定和谐的隐患;此外,我们还应考虑到,土地流转并不是单一的土地问题,而是一个全局性问题,必须将土地流转放到经济社会的转型发展、工业化、城市化建设,以及由此促发的社会阶层流动这个大的背景之中来考虑,更要考虑社会人口结构以及由此一系列变革导致的边缘群体的生存保障问题。

总的来说,要建立正确的社会阶层流动模式,建立中长期目标,以经济社会的转型为基本线索,以保证城市化的顺利实施以及由土地流转带来的失地农民的生活保障为前提,把握城市化速度、经济社会转型速度、工业化速度,并以此为依据推进农村土地流转的速度。事实上,如果这几个速度不和谐,也意味着经济社会的发展不够和谐,不够健康,难免会出现社会矛盾的激化或爆发。

第二章　工业化与经济转型

　　工业化是强国富民之路,在经济社会发展的不同阶段,工业化路径也会有所不同。现阶段,我国实施的新型工业化模式既是一种从国际大视角出发的发展策略,也是从国情出发的战略选择。而围绕工业化之路所亟须应对的则是农业人口的转化以及如何推进城市化进程。

一、工业化路径综述

　　工业化水平是一个国家经济社会发展水平的直观

度量,对于传统农业大国来说,只有工业化才能强国富民,才能高效发展经济。1840年以后至新中国成立前夜一百多年的中国历史,之所以备受列强的欺辱,与国家工业化水平的落后有着直接关系。

为了强国富民,老一代革命家奋起抗争,经过血与火的拼搏,最终打出一个新中国,实现了近代中国一百多年的强国梦。但是,一百多年的积贫积弱让国家的工业基础十分薄弱,新中国成立之初,一穷二白,满目疮痍,工业基础几乎为零,连许多简单的生活用品也不能生产,5亿人口的大国,90%以上是农民,只能从事千百年来流传下来的简单的农耕生产。按当时的人口数量中国排名世界第一,按国土面积计算中国排名世界第三,但是按人均国民收入的排名则非常落后。对此,毛泽东曾说:"现在我们能造什么?能造桌子椅子,能造茶壶茶碗,能种粮食,还能磨成面粉,还能造纸,但是,一辆汽车、一架飞机、一辆坦克、一辆拖拉机都不能造。"领袖的讲话,强烈地反映出发展工业的重要性。

事实上,早在1945年4月,在延安召开的党的七大之时,毛泽东即提出了中国实现工业化的迫切性。他说:"没有工业,便没有巩固的国防,便没有人民的福利,便没有国家的富强。"同时论述了工业化与民主革命、与资本主义经济的关系。1949 年 3 月,党的七届二中全会胜利召开,毛泽东在会上又提出中国工业化的实现必须以"节制资本"和"统制对外贸易"为前提。同年 6 月,刘少奇在论述新中国的财政经济政策时指出:中国要工业化,路只有两条:一是帝国主义;一是社会主义。历史证明,很多工业化的国家走上帝国主义的路。如果在没有工业化的时候,专门想工业化,而不往以后想,那是很危险的,过去日本和德国就是个例子。

由此,我们可以深刻领悟到,在新中国成立之初,国家领导人最为迫切的发展策略就是实现工业化以及如何实现工业化的重大问题。在国民经济恢复任务基本完成、我国转入大规模经济建设后,国家工业化即成为当务之急。

对于新中国来说,国家工业化是一条前所未有的路,有关工业化的经验积累十分贫乏,只能借鉴他国的经验,最终所采取的是斯大林的优先发展重工业的工业化战略,并成为党在过渡时期总路线的重要内容。

党在过渡时期的总路线是新中国成立之初颁布的一个重要纲领,颁布于 1953 年,主要内容为:从中华人民共和国成立,到社会主义改造基本完成,这是一个过渡时期。党在这个过渡时期的总路线和总任务,是要在一个相当长的时期内,逐步实现国家的社会主义工业化,并逐步实现国家对农业、手工业和资本主义工商业的社会主义改造。简单地说,党在过渡时期的总路线的核心是社会主义工业化和对农业、手工业、资本主义工商业的社会主义改造两大主要内容。

为了更好地宣传与贯彻党在过渡时期总路线的基本思想,毛泽东还主持编写了《为动员一切力量把我国建设成为一个伟大的社会主义国家而斗争——关于党在过渡时期总路线的学习和宣传提纲》,在"宣传提纲"问世之前,党和政府在谈到中国的经济发展时一般都是用"工业化"这个称谓,"宣传提纲"问世后,首次明确了中国要实行的是"社会主义工业化"并解释了其具体含义,即:社会主义工业化具有两个重要特点,一是将发展重工业作为工业化的中心环节;二是优先发展国营经济并逐步实现对其他经济成分的改造,保证国民经济中的社会主义比重不断增长。

此后,在过渡时期总路线的指导下,中国开始了优先快速发展重工业和大规模社会主义改造运动,到1956年年底,即基本上完成了对农业、手工业、资本主义工商业的社会主义改造,即完成了"三大改造",为走上社会主义工业化道路建立起制度保证。

　　总结我国工业化的开端与整个过程,大致可以划分为两大阶段:第一个阶段为1949—1978年;第二个阶段为1978年至今。

　　第一个阶段的主要特征为:依靠国家资金投入,实行计划经济,优先发展重工业。实施"进口替代"政策,高速发展国民经济。所谓"进口替代"指的是通过出口一部分农产品、矿产品等初级产品和轻工业品换回发展重工业所需的生产资料,并用国内生产的生产资料逐步代替它们的进口。在发展次序上,首先注重改善旧中国留下的工业生产布局极端不合理和区域经济发展极端不平衡的畸形状态;其次随着重工业的建立和优先发展,用重工业生产的生产资料逐步装备农业、轻工业和其他产业部门,随着重工业、轻工业和农业以及其他产业部门的发展,逐步建立独立完整的工业体系和国民经济体系,逐步改善人民生活。

　　简单地说,这个阶段的主要特征是以高速发展为目标,以重工业发展为重点,以"规划"统领生产力分配与产业布局,实施进口替代,并以此为发展战略谋求建立独立的工业体系。

客观地看,自1949年新中国成立至1978年30年期间,我国工业化战略取得了丰硕的成果。1952年,工业总产值仅占国民生产总值的30%,农业产值占比高达64%。而到1975年,这个比率颠倒过来了,工业总产值占国家经济生产的72%,农业则仅占28%了。这一升一降充分说明我国工业化所取得的巨大成就。美国学者莫里斯·迈斯纳评价毛泽东时代经济成就时评述道:"无论人们将毛泽东时代作何种评价,正是这个中国现代工业革命时期为中国现代经济发展奠定了根本的基础,使中国从一个完全的农业国家变成了一个以工业为主的国家。"

按1978年后普遍使用的GDP表达法,在1949年到1978年间全国工农业总产值从1949年的466亿元增加到1978年的5690亿元,按可比价格计算增长12.82倍,年均增长9.5%,丝毫不逊色于1978年以后8个百分点左右的增幅。

对此,莫里斯·迈斯纳评价道:"其实毛泽东的那个时代远非是现在普遍传闻中所谓的经济停滞时代。而是世界历史上最伟大的现代化时代之一,与德国、日本和俄国等几个现代工业舞台上的主要的后起之秀的工业化过程中最剧烈时期相比毫不逊色。"这也许是国外精英对毛泽东时代国家工业化速度以及所取得成就的最为客观的评价。

事实上,新中国成立30年中,在毛泽东的正确指引下,我国不仅建立起一个比较完备的工农业体系,而且还创造了国家经济收支平衡的奇迹,这在现代世界来说,也许是许多国家永远无法企及的梦想。

我国工业化过程的第二个阶段大体上要从1978年改革之初算起,具体来说就是从1978年至1996年前后,在改革唤起巨大经济活力和充分利用国外资源和市场的背景下,以农、轻、重产业均衡发展和卖方市场的双重推动下,仍然实行了以高投入和追求数量为特征的外延型工业化道路。所谓外延型工业化发展指的是以生产要素的投入来增加产值的经济发展方式,在改革初期,这种经济增长方式仍然是中国经济的主要增长方式,并取得了巨大成就。

1995年年底,随着"八五"计划的胜利完成,经济社会的发展态势发生了很大的变化。"八五"计划期间,国民生产总值年均增长12%,1995年达到57600多亿元,在1988年比1980年翻一番的基础上,用7年的时间又翻了一番,从而使原定的2000年国民生产总值比1980年翻两番的目标,提前5年实现。总体上说，"八五"期间，是新中国成立以来经济增长速度最快、波动最小的 5 年。在"八五"期间，经济体制改革也取得突破性进展，国民经济市场化、社会化程度明显提高，社会主义市场经济体制的框架基本建立。不过，值得指出的是，"八五"期间的工业化仍然是外延型发展为主，投资拉动型增长的贡献仍处于上升阶段，而消费对增长的贡献却处于下降状态。

尽管这一阶段没有改变工业化的外延型特点，但是却为改变这种外延型发展创造了条件，即创造了巨大的经济总量和建立了买方市场，并形成了国营、私营与个体、乡镇企业、外资"四龙腾飞"的经济局面，创造了农业、轻工业、重工业和第三产业并驾齐驱，劳动密集型、资本密集型和技术密集型产业共同发展的兴旺态势。并在此阶段中消除了新中国成立以来一直困扰我国经济发展的"短缺"和"卖方市场"的局限，基本确立了市场经济的框架，为我国经济社会走上新型工业化道路奠定了良好的基础。

从 1997 年始，我国经济发展战略又有了一次新的转变，这次转变标志着我国新型工业化道路开始初步探索与形成。大体上说，新型工业化道路的主要内涵有两点：一是提出了科教兴国与可持续发展战略；二是促进经济发展由外延型向内涵型转变。在党的十六大报告中,将新型工业化道路表述为:"坚持以信息化带动工业化,以工业化促进信息化,走出一条科技含量高、经济效益好、资源消耗低、环境污染少、人力资源优势得到充分发挥的新型工业化道路。"事实上,新型工业化道路的提出,是在国内告别"短缺时代"、由卖方市场转变为"买方市场"、经济全球化方兴未艾、中国正在申请加入世界贸易组织(WTO)的背景下提出的,所以,新型工业化道路的提出,也是应对中国经济走进国际大舞台、降低环境压力、减少资源消耗的发展策略。

2001 年 11 月,世界贸易组织多哈会议批准我国成为世贸组织正式成员,我国由此成为该组织第 143 个成员国。加入世贸组织的成功既为我国经济成长带来了机遇也带来了挑战。换个角度来说,加入世贸组织的成功也让我国的经济发展模式接受了世界经济运行模式的检验,或者说,在经济运行领域,在国际平台上的激烈竞争在本质上也是经济运行模式上的竞争。这种竞争也让各成员国在经济发展领域重新思考与定位。

简洁地说,在国际经济竞争中,我国经济暴露出许多短板，归结起来主要有产品科技含量低、产品附加值低、高端产品竞争力较弱等许多弱项，较为具备优势的产品所依靠的主要是廉价劳动力，以及资源型产品。可以说国际市场也是促使中国经济转型的一个主要外在因素。此外，长期以来依赖资源的生产方式也让环境付出惨重的代价，维护生态平衡势在必行。

在国内外一系列因素的促使下，新型工业化之路喷薄而出。有研究者也把这一阶段划分为中国工业化的第三阶段，在时间上划分为从 2001 年到今。其主要特点为：一是以信息化为前提，实现经济与高科技的紧密结合；二是注重经济发展与资源环境承受力的协调；三是城乡统筹发展即城乡一体化发展；四是实现资金、技术密集型产业与劳动密集型产业相结合。

总的来说，新中国成立后 30 年的工业化成就为改革开放实施市场经济打下了坚实的基础，改革之后的20 年工业化成就沿袭了新中国成立以来的外延型经济发展特点，充分调动了资源与产业的市场化配置，而至今仍在进行之中的新型工业化之路则进一步注重了资源环境的承受力，致力于城乡统筹一体化发展。为农村劳动力资源与产业的有效配置以及农村人口的转化和城镇化打下了基础。

二、经济转型的主要内涵

简而言之,不论是传统的工业化过程还是新型工业化模式,都是以经济运行模式的改变为前提的改革,这种改革带来的一个宏观表象就是经济转型。而所谓的经济转型就是为了适应工业化的需要而作出的宏观决策,具体来说,经济转型就是资源配置和经济发展方式的转变,包括发展模式、发展要素、发展路径等方面的转变,或者可以简单地理解为经济运行模式的改变。

经济转型不是社会主义社会特有的现象,任何一个国家在实现现代化的过程中都会面临经济转型的问题。即使是市场经济体制完善、经济非常发达的西方国家,其经济体制和经济结构也并非尽善尽美,也存在着现存经济制度向更合理、更完善经济制度转型的过程,也存在着从某种经济结构向另一种经济结构过渡的过程。就经济转型的概念而言,就宏观层面来说,经济转型是指一个国家或地区的经济结构和经济制度在一定时期内发生的根本变化。从另一个角度来说,经济转型是经济体制的更新,是经济增长方式的转变,是经济结构的提升或升级,是支柱产业的替换,是国民经济体制和结构发生的一个由量变到质变的过程。

回顾一下,改革之初,世界发达国家收入的平均水平是 8100 美元,中等收入国家的平均水平是 1160 美元,发展中国家的平均水平是 520 美元;按当时的汇价计算,中国人均国民生产总值只有 230 美元,而农民的人均收入只有 191.33 元,不足 62 美元(还有一种说法是人均总收入 152 元,人均纯收入 134 元)。中国贫困人口及低收入人口约占总人口的一半。与发达国家的巨大收入差距决定了中国经济改革一个最为根本的主题即寻求经济增长、实现经济发展。

这个主题被邓小平同志提高到社会制度的层面,精辟地概括成"贫穷不等于社会主义"。表现在改革开放的政策高度,被中共中央的决议界定为:坚持以经济建设为中心不动摇的基本国策。从中国经济转型的过程来看,这个主题基本贯穿了转型和改革的整个过程。在某种意义上讲,中国的经济体制改革从一开始就是服务于这个主题,而最终衡量转型成败的标志仍然是这个主题。轻制度重成效,也许这正是中国和其他国家转型道路的根本差别。

1978 年始,中国开始了农村改革,实施联产承包责任制,土地回到了农民的手中,包产到户、分田单干,充分焕发了农民的首创精神和生产积极性。中国的改革一开始就带有全面改革的战略意图。只不过这种全面改革并没有一个明确的目标,而完全是从解决社会实际问题出发的角度,摸着石头过河。

此后,发展中的问题随之而来,以高能耗、高物耗、和对环境的高损耗来维持的经济高增长遇到了能源这个瓶颈问题。以煤炭闻名的阜新以及一批资源型城市面临资源枯竭的境地,转变经济增长方式迫在眉睫。1995年党的十四届五中全会首次提出"积极推进经济增长方式转变"这个概念。经济转型由此而生,2001年5月,阜新市第九次党代会胜利召开,鲜明地提出:以经济转型为主线加快发展。这是阜新首次明确提出经济转型命题。同年12月28日,国务院正式下发文件,批准阜新为全国资源枯竭型城市经济转型试点市。同时,经济转型这一科学命题,迅速在全国400多个能源城市普及,并被正式写入"中央11号文件"及十六大报告。并由此引发了研究转变经济增长方式的热潮,极大地促进了我国经济增长方式的转变。党的十七大报告提出"加快经济发展方式转变",促进了经济转型发展。确切地说,从十四届五中全会提出"转变经济增长方式"到十七大提出"转变经济发展方式",不是用一种提法替代另一种提法,而是我国国民经济发展战略的一个重大发展。

十八大报告进一步提出要"加快形成新的经济发展方式,把推动发展的立足点转到提高质量和效益上来,着力激发各类市场主体发展新活力,着力增强创新驱动发展新动力,着力构建现代产业发展新体系,着力培育开放型经济发展新优势,使经济发展更多依靠内需特别是消费需求拉动,更多依靠现代服务业和战略性新兴产业带动,更多依靠科技进步"等方面来。并且提出"坚持走中国特色新型工业化、信息化、城镇化、农业现代化道路,推动信息化和工业化深度融合、工业化和城镇化良性互动、城镇化和农业现代化相互协调,促进工业化、信息化、城镇化、农业现代化同步发展"的新的四化目标,这无疑是一个极大的转变。

从学术和政策的角度来解读,就是抓住"创新驱动"这个新的引擎,以"扩大消费"为战略基点、以新型工业化和信息化为两翼,以城镇化为抓手,发展战略新兴产业和先进的服务业,告别传统发展模式,加快完善社会主义市场经济体制和加快转变经济发展方式,建设完善的互利共赢、多元平衡、安全高效的开放型现代经济体系。从"创新驱动"的角度来理解,转型的突破点是发展高科技,用科技化带动产业化。当前的世界经济是高科技主导下的全球一体化经济,高科技是经济发展的强大引擎。因此,大力发展高科技企业,开发具有自主知识产权的高科技产品,提高高科技产品的市场份额和在国民经济中的比重,使高科技产业化成为经济转型的重要突破点。

此外,十八大报告还指出了转型发展的宏观目标:生态文明,并将生态文明建设融入"经济建设、政治建设、文化建设、社会建设各方面和全过程,努力建设美丽中国,实现中华民族永续发展"。十八大报告指出:"必须树立尊重自然、顺应自然、保护自然的生态文明理念","坚持节约优先、保护优先、自然恢复为主的方针"。强调:"着力推进绿色发展、循环发展、低碳发展,形成节约资源和保护环境的空间格局、产业结构、生产方式、生活方式。"党的十八大把生态文明建设放在突出位置,纳入建设中国特色社会主义"五位一体"的总体布局,这一重大方略和理论的提出,既深刻揭示了五大建设的内在联系和相互依存、互为因果、相辅相成的辩证关系,又将生态文明提升到了更高的位置,并指明了推进生态文明的正确方向和路径。由此,我们大致能看出我国在经济转型过程中所作的努力与转型的突破点与最终目标。

客观地说,改革开放以来,与国家工业化战略与过程相呼应,经济社会大致共经历了三波颇具规模与典型意义的经济转型。笔者认为,经济转型的第一波要从1978年改革初期算起,至国企股份制改造基本完成。这一阶段经济转型的主要标志是打破了计划经济体制,完成了传统企业向现代化企业转变,中国特色市场经济体制初步形成;经济转型的第二阶段应该从20世纪90年代中期至2008年前后全球金融危机爆发。这一阶段国家从宏观调控上,进行了经济结构调整,大力治理了一批以牺牲环境为代价的高耗能、高污染、高排放的"三高"企业,开始注重生态文明建设;第三阶段为2008年以后,受国际社会经济环境不景气影响,经济驱动力投资、消费、出口三驾马车之一的出口受到严重影响,特别是长三角与珠三角经济圈外向型企业的倒闭潮与产业转移,成为改变我国外向型经济特征的一个标志。

回顾世界经济发展历程,世界经济时时刻刻都处在转型之中。生产力发展的进步性决定了经济发展必须不断克服自身发展遇到的矛盾和问题,这个自身不断修正克服矛盾的过程便是经济转型。也正是由于经济转型，经济才会在曲折中发生前进，实现可持续发展。

目前，中国进入了经济转型的新阶段，社会制度的创新和社会秩序的确立成为中国经济转型的主要难题。在市场经济体制上，社会主义市场经济体制已经基本确立。市场化利益主体和市场化行为日趋成熟，市场体制自身的局限和弊端，如市场失灵、市场缺失、市场抑制，以及市场化主体行为的不理性都开始出现。而另一方面，伴随市场运行机制的不断发展，市场经济体制与中国政治框架的不协调凸显出来，矛盾日益突出。经济和政治的协调以及社会主义制度的创新，也成为未来必须解决的课题。

因此，加速制度变迁和制度创新步伐，利用明确而又稳定的制度安排促进利益主体资源配置及效率的发挥，利用政府宏观调控的力量消除新体制导致的经济不稳定性都成为下一阶段改革的重要内容。

一言以蔽之，改革的目的是为了促进经济社会的发展，提高经济社会工业化程度并提高人民生活水平。综观目前诸多影响经济社会发展的因素，一个已经明确的方针就是必须改变外向型经济受制于人的被动局面,扩大内需,增加内向型企业的比重,以内需带增长。而扩大内需牵制的则是社会财富再分配与经济结构的调整,以及产业布局等一系列问题。

长期以来,我国主要靠扩大投资需求和对外出口需求驱动经济增长,居民消费率①过低,对经济拉动不力。2007年,我国最终消费率仅为52%,其中居民消费率为35.4%,与历史最高水平的1985年的52%相比,下降了近17个百分点。根据世界银行统计,20世纪90年代以来,世界各国平均消费率稳定在73%—79%,一些发展中国家的最终消费率也达到65%—70%左右。消费率偏低,经济增长过度依赖投资和出口,结果必然带来经济比例关系失衡,大量生产能力闲置,由此形成的无效投资和银行呆坏账增加,直接影响经济持续平稳较快发展。

世界金融危机爆发后,我国沿海经济带外向型经济受到严重影响,全国经济承受下行的压力,原因之一就出在这种内需不足、严重依赖外需之上。这种外向

---

① 消费率又称最终消费率,是指一个国家或地区在一定时期内(通常为1年)的最终消费(用于居民个人消费和社会消费的总额)占当年GDP的比率。它反映了一个国家生产的产品用于最终消费的比重,是衡量国民经济中消费比重的重要指标。一般按现行价格计算。其公式为:消费率=消费基金/GDP×100%。其中,消费基金包括居民消费和政府消费。

型经济一旦外需产生波动,出现需求萎缩,国内经济增长势必随之遭受影响和冲击,不得不进行需求结构调整。因此要推进和实现我国经济的整体转型,首当其冲要调整需求结构,把扩大国内居民消费需求作为当下保增长的现实选择,以及作为推进我国经济整体转型的持久动力和增进社会福祉的根本途径。

　　尽管从 2009 年下半年开始,各级政府出台了一整套扩大消费政策举措,可谓措施密集,涵盖范围十分广泛,涉及消费的所有环节,并对短期保增长产生了一定的拉动作用。但是,从根本上来说,政府应把功夫下在千方百计增加城乡居民收入,特别是低收入群体的收入水平。从长远来说,必须着力调整我国的收入分配结构,完善社会保障体系,加大有利于促进消费的城乡基本设施投资,大力发展城乡统一的现代流通市场,扩大消费信贷等等。显然这是一个涉及面广、牵扯问题多的系统工程,我们必须下决心、花气力去构建。唯有完成了这项系统工程,我国经济才得以整体转型。

　　直白地说,这种转型就是要从一个生产大国向消费大国转变。2010 年 3 月,国家发展和改革委员会经济研究所教授常修泽在接受中新社记者采访时说,当前需要重点解决的是内需不足的突出矛盾,要建立起消费大国的体制基础,要在保持可持续发展的同时更加注重公平发展。中国应该超越目前"窄方式"的经济增长方式,把发展方式调整的重点放在要素投入结构、需求结构和供给结构的同时,关注城乡结构、地区结构、社会收入分配结构的调整。

可以预见的是,伴随着经济社会的转型发展,农业人口的转化以及城市化过程必将成为我国经济增长的新动力,由此产生的阶层流动以及农民身份的改变带来的社会保障问题也将成为经济转型过程中必须处理好的重要核心。

三、农业人口的转化与阶层流动

新型工业化战略以及经济社会运行模式的改变为经济社会带来了一系列的变革。中国社会由此进入了一个新的发展阶段,转型发展成为未来一个阶段的核心发展战略。在这个阶段中,知识经济提高到了前所未有的高度,由此,改变了以往的经济增长中,增加人力资源以及其他生产要素的增长方式,诸多生产要素在商品生产过程中的作用大大地弱化了。

从新型工业化的主要特点来说,首先,新型工业化已摆脱了传统的以增加生产要素特别是商品生产者来增加经济增长的方式,知识经济已成为增长的主要特征,按经济合作与发展组织(OECD)在《以知识为基础的经济》中的表述,知识经济是建立在知识和信息的生产、分配和使用基础上的经济,知识是提高生产率和实现经济增长的驱动器。知识作为蕴含在人(又称人力资本)和技术中的重要成分,向来就是经济发展的核心,但只是到了最近十年,知识的重要性才更加突出地显现在人们面前。

事实上,从全球化视角来衡量,科技创新已成为知识经济的核心内涵,科技与经济融合发展的势头也更为迅猛,经济发展对科技人员和有高度熟练技能的工人的需求也日益增长。综合而言,科技创新正成为提高企业竞争力的主要手段,同时,科技创新也成为提高企业运营效率即注重知识生产率的重要途径。

其次,信息技术的发展为新型工业化的进行提供了有力的技术支持。信息技术是信息化的重要技术支撑,信息技术的发展以及信息产业的迅速崛起,为新型工业化发展提供了有力的支撑,同时,信息技术在国民经济和社会生活各领域的广泛应用,大大提升了经济社会的信息化水平,极大提高了经济效率与社会效率,并为经济社会的整体发展展示出一幅前所未有的新远景。

综观经济社会的整体发展趋势,新型工业化之路不仅是国家工业化之路,也为农业经济带来了新的转机,如何提高土地效能、如何转化农村富余劳动力、如何实现农业经济与工业经济的协调发展,以及如何促进城市化发展也成为摆在面前的重大课题。

从我国新型工业化路径的大致特点中,我们可以看到,以科技创新为主导,以信息技术发展为核心的新型工业化之路中,知识经济是主要的动力成分,也可以说知识经济正成为引领整个社会经济发展的引擎。当然,从经济社会发展的长期过程来看,知识经济引领经济社会的发展无疑是正确的,在经济发展到一定阶段,只有增加经济发展的内涵才是促进经济增长的路径。

对于目前来说,我国新型工业化之路并不完全属于工业领域的变革,围绕新型工业化进程,整个经济体系、社会体系都在进行着自我更新式的转变。伴随着新型工业化的进行,经济社会已发生了一系列前所未有的变化。新型工业化不但改变着国家经济结构,也在改变着人口结构,经济效率与社会效率都在明显提升。

所谓经济结构,指的是一定区域内,经济构成的主要成分以及不同经济成分间的结构关系。对于一个经济体来说,经济结构也是一个由诸多经济系统构成的多层次、多因素的经济复合体,是经济的组成成分和构造,从不同角度解析,具有多重含义。经济结构合理,有利于充分实现物质资源与人力资源的合理配置,实现社会经济各部门协调运行,实现可持续发展。此种状态亦是最为健康的经济社会运行状态。

所谓人口结构,指的是一定地域空间、一定时期内,人口总体中不同属性或要素之间的比例关系,是资源和机会配置在人口属性或要素上的反映。狭义的人口结构仅指人口的自然属性结构,如年龄、性别结构甚至民族、受教育程度等;广义上讲,人口结构还包括素质、空间分布、族群、职业分布等社会属性结构。所以,人口结构也是社会结构的基础性结构。

所以,人口问题也是一个国家或地区战略决策的最基本依据。人口问题不仅仅是人口数量问题,更是结构性问题,涉及人口数量与资源环境、社会生产力的比例关系即结构性问题,涉及人口内在的素质、年龄、性别,以及族群、地位和空间分布等因素的不断变化方面因素。而理想的人口结构就是指人口结构本身与社会生产力发展阶段相适应,从根本上说这即是马克思主义指出的"人的生产与物的生产相适应"的问题。

从宏观角度来说,一个社会的人口结构也是一个社会经济结构的基础条件,亦是表征一个社会经济发展是否健康、是否和谐的重要指标。这是研究经济社会发展的全新视角,也是未来经济发展中无法忽视的重要问题。从和谐经济的角度出发,从社会整体经济运行的健康角度出发,人们就会清楚地意识到工业化过程与经济结构与人口结构之间的密切联系,并以工业化为前提,注重调整人口结构以增进社会和谐度。

通过以上对经济结构与人口结构的分析,我们会清楚地意识到在工业化、经济结构与人口结构之间存在的相互关联。

简单总结一下,经济社会传统工业化过程是以人力资源以及生产资料等要素的投入为基础的过程,这个过程造就了大量就业岗位,吸引了大批农村富余劳动力进城务工,在高峰期时,农民工的数量高达2个多亿,与日本的人口总数相当,堪称一个时代最为庞大的群体,由此带来的上学、就医等一系列问题曾一度困扰社会。

新型工业化之路,尽管以知识经济为主导,追求增加产品高科技含量与商品内涵,增加劳动力的趋势有所减弱,但在短时期内,农民工仍会大量存在。

上升到理论高度,最为关键的是,经济社会的工业化过程在改变了经济结构的同时,也极大地改变了中国社会的人口结构。大量农民走出土地,成为城市边缘人,既不是工人,亦不是农民,取两者兼之之意,谓之农民工。早在 21 世纪之初,关于农民工身份的争论就曾在社会上引起过广泛关注。然而,按现行的经济社会运行模式,农民工的称谓仍将存在下去。

归根到底,工业化即是经济社会发展的引擎与动力;转型发展即是工业化所引领的改变经济结构、变换增长方式;围绕工业化过程所产生的经济结构的变化以及人口结构的变化即是社会阶层流动的根源;大量农业人口身份的改变即是城市化过程的必然。

据相关媒体报道,截至 2011 年,全国城镇人口达到 6.91 亿,城镇化率首次突破 50% 关口,达到了 51.27%。这表明我们已经告别了以乡村型社会为主体的时代,进入以城市型社会为主体的新时代。随着社会结构的变化,大量农业人口在向城镇人口转变。

所以,总体上说,以工业化引领的经济社会的发展是一种自我更新式的发展,从我国人口结构出发,新型工业化之路,必然会导致农业人口身份的转变,而农业人口身份的转变,也必然会导致城市化,由此产生的社会阶层的大规模流动不但前所未有,更是世界罕见。

而如何理顺工业化、城市化之间的规模与速度的关系构建一个正确的运行模式则是一个关乎工业化能否顺利实施、城市化能否顺利进行的重大课题。

四、问题与对策

客观地看,改革开放之初,一切都来得十分迅猛,决策部门在工业化与城市化以及农村人口转化这个系统性问题上,相关决策是很滞后的,比如大量农民工无法成为就业地城市市民,农民工的社保、子女就学、城市身份等问题长时间内无法解决,户籍制度的坚冰亦成为影响农业人口转化的政策性障碍。换个角度来说,这种状况说明农业人口向城市人口的流动机制尚不完善。

近年来,随着户籍制度改革的不断深化,户籍障碍也在逐渐消除。2001年3月30日国务院批转了公安部《关于推进小城镇户籍管理制度改革的意见》，明确规定：全国所有的镇和县级市区，取消"农转非"指标，不再实行计划指标管理。凡在当地有合法固定的住所、稳定的职业或生活来源的外来人口，均可办理城镇常住户口。

到目前为止，除北京、上海等一线特大型城市外，二、三线城市的户籍改革已取得了很好的成果，很多城市只要在该城市拥有固定住所或工作，即可以在该城落户扎根，即可享有市民待遇。这在一定程度上推动了农业人口向城市人口的转化。

总体上来说，在工业化、城市化、农业人口转化三者之间，存在相互联系、相互促进的关系，简而言之，首先，在新中国成立以来农村义务教育的普及、农村人口的知识素养普遍提升的基础上，随着农村改革的进行，农村劳动力得到再一次的解放，大量农业人口从土地中走出来，为经济社会的工业化提供了大量具备一定知识水平的劳动力资源，农村富余劳动力由此成为推动工业化的重要力量，2亿多农民工事实上也为工业化作出了巨大的贡献；其次，随着工业企业的飞速发展，经济社会的工业化水平显著提高，整个社会的经济结构已发生重大变化，劳动力资源的重新配置已是必然之势。由此,积极推动农业人口转变为工业人口、促进大规模人员流动已是社会管理与宏观决策必须面对的问题;再次,劳动力资源的重新配置及大规模人员流动必然导致城市化浪潮,所以,工业化也是城市化的主要推动力量,没有工业化的发展,也不会有城市化的发展。反过来说,城市化也会有力推动农业人口的转化,并为工业化提供人力资源方面的保障。

按相关机构的统计,伴随工业化进程,城市化以及农业人口的转化也取得了较大的突破,截至 2011 年,我国城镇人口已经达到 6.91 亿,城镇化率首次突破50% 关口,达到了 51.27%。对这组数字持不同意见的全国人大财经委副主任贺铿于 2013 年年初在和讯网发起、中国证券市场研究设计中心(SEEC)等机构联合主办的"财经中国 2012 年会"的演讲中指出:"我国的实际城镇化率不高,改革开放 30 年来,我们以每年提高 1 个百分点的城镇化率向前推进。1978 年城市人口 1.72 亿,现在是 7 亿人口;城镇化率从 1978 年的17.92% 提高到 51.27%,平均是每年一个百分点的提升。但如果按照真实的城镇化来看,我们的城市化率有人说是 35% 到 36%,我认为不到 35%。因为前年人口普查有 2 亿 6300 万是城市流动人口,城市流动人口当然是没有相对稳定的工作,也没有稳定的住处,更重要的是不享受城市的医疗、教育、社会保障。这样的城市人口肯定不是真实的城市人口,除去这部分人口之外我们的城镇化率不到 35%。"贺铿在演讲中还指出:"在前 34 年的城市化过程中,我们走的一条路是经营城市道路,政府用土地发展房地产这么一个主要的做法。这条路现在带来的问题很多。因此,必须有新的城市化思路。"

总的来说,51.27% 也好,35% 也好,都在表明我国的城镇化之路还有很长的路要走。按世界公认标准,中等发达水平国家和地区的城镇化率在 85% 左右,发达国家的城市化率一般都在 95% 左右,美国的城镇化率高达 97%,以此来衡量,中国的城市化率还处于较低的水平,城市化进程还应该提高,并加大力度。

事实上,仅从目前存在的 2 亿 6300 万城市流动人口这个数字,我们就可以粗略地判断出我们在推进城市进程中处于什么样的状态。大体上说,有多少城市流动人口,就意味着有多少农业人口脱离土地来到城市,也意味着有多少人口需要工商企业来吸纳,更意味着城市化面临着什么样的任务。同时,大量流动人口的存在也说明我们的社会运行机制还不够完善,工业化程度、城市化水平都有待提升。

那么，我们应该在农业人口的转化、工业化、城市化之间构建什么样的机制或路径才能够较为合理地解决目前社会存在的这些问题呢？

事实上，从目前的经济社会运行模式上说，农业人口的转化、工业化、城市化三者之间是相互脱节的，并没有形成一个一体化的机制，这种状态说到底是不利于提高社会效率，也不利于提高工业化与城市化水平。

从根本上说，农业人口的转化既有利于农村土地流转，也有利于促进工业化进程，工业化的发展有利于城市化，城市化的发展又有利于农业人口的转化。三者是相辅相成、相互关联的关系。

从土地流转的成效上看，农村土地流转有利于农业规模化发展，提高农业人口的收入，缩小城市收入与农村收入的差距，减少或消灭农村贫困人口。在这一点上，农业人口的转化是一个大前提，没有农业人口的顺利转化，工业化与城市化不会顺利展开，而农村的土地流转也会受到制约，农业经济的效率也难以提升。

所以，农业人口的转化并不是一个简单的城市化的问题，在农业人口转化与工业化和城市化之间需要构建一条合理的通道或机制才能使整个经济社会运行健康。

笔者认为,在农业人口转化、工业化、城市化、土地流转问题上,工业化是核心,具有引领作用;农业人口转化是基础,是土地流转与城市化的前提;城市化是保障,是农业人口转化与工业化的结果;土地流转则是农业规模化发展、提高农业经济效率、缩小城乡收入差别的根本途径与措施。

在构建整体的运行机制之时,既要注重工业化即工商企业的发展,也要注重农业人口的转化。弱化了农业人口转化这个基础,工业化的发展也会成为无本之木,这一点,金融危机爆发后沿海发达地区出现的民工荒已经给我们提出了警示。所以,总体上来说,抓好农业人口转化这个基础环节,事实上也为其他环节的发展打好了基础。

目前而言,农业人口转化的障碍尚未完全消除,户籍制度的瓶颈尚未完全打破,农业人口的转化尚不够顺畅。从经济视角来看,农村人口的转化是一个长期趋势,主要原因为绝大部分农村地区的人口人均收入远低于城市人均收入,农村富余劳动力不得不外出打工以谋生计。

从全国耕地状况来看,即便是耕地面积较大的省份如黑龙江与内蒙古,其农村人口如果只依靠耕地来维持收入的话,如果没有土地流转与承包,只是依靠按人均分配所得的土地来维持收入的话,其年收入也要比中等城市的城镇居民的年收入低。按国家统计局网站 2013 年发布的各省区城镇居民人均可支配收入及农民人均纯收入排行榜,城镇居民人均可支配收入最高的为上海,人均收入为 40188 元;农民人均纯收入最高的也是上海,人均收入为 17804 元。从这两个数字中我们看到,上海市城镇居民人均可支配收入大约相当于上海农民可支配纯收入的 2.26 倍。差距最大的陕西,城镇居民的年可支配收入大约相当于农民年可支配纯收入的 3.6 倍。

这种差距事实上也在表明,农村人口如果不进行转化,城乡收入差别将永远存在,贫困落后地区将永远无法摆脱贫困。而解决这一问题的出路只有推进工业化水平,转化农业人口,既实现农业人口的转化,促进城市化发展,也实现农业的规模化发展。

所以,从各省城镇居民与农民可支配纯收入的差别的角度来说,消除城乡收入差别,实现城乡统筹发展的唯一出路在于在工业化带动下,大幅度转化农业人口,大幅度推进城市化。只有这样,才能实现农村土地的规模化经营，提高农业人口可支配收入，缩小城乡差别，实现城乡一体化发展。

而要实现这个目标则有待于在政策方面，诸如户籍制度、促进工商企业发展的方针、工业化路径、城市化原则、区域性经济发展的总体策略等一系列政策措施以及社会管理方面的创新。

第三章 城市化、城乡统筹与
二元土地结构

城市化、城乡统筹发展以及城乡二元土地结构是目前社会普遍关注的热点问题,尽管每个人的看法并不完全一样,但总体上围绕的仍然是一个土地流转问题。本章将以城市化为起点,充分探讨土地流转中出现的问题,并尝试提出新的解决思路,当然,这些思想能否经得住实践的检验只能用未来的实践结果来证明。

一、城市化概述

城市化水平是一个国家经济社会发展水平的一个

直观度量,并与工业化程度密切相关。提高城市化水平是目前我国正在实施中的一个全局性战略,而从目前人口结构与经济结构的角度来衡量,城市化显得尤为迫切。

在上两章的叙述中,我们对城市化这个名词已有了一个初步的理解,从较为严谨的学术角度来说,城市化又称都市化或城镇化,内涵为由于城市工业、商业和其他行业的发展和需要而引起的人口由农村向城市的集中化过程。

按相关的学术观点,从城市化形式上可以划分为三种形式:集中型城市化、分散型城市化、旧地型城市化。

集中型城市化指的是农村人口和非农经济活动自发地不断向城市集中的过程,这种城市化类型也是最为普遍的城市化类型,在中国社会几乎所有的城市都存在这种现象。这种城市化的缺点是进城的农村人口难以取得户籍,只能漂泊在城市,无法享受与城市居民"同等待遇"。

分散型城市化指的是城市经济活动以及人口逆城市中心向外扩散,从而促进城郊及城市周边非城市地域的飞速发展或形成人口较为集中的城镇化的现象,也称逆城市化。分散型城市化可以有效应对特大城市或大城市容量超标的问题，在我国这种举措已在一线城市中实施。

城市化的第三种类型是旧地型城市化。这种类型指的是原来的农村地区，在无城市直接作用和影响的情况下，由于某种资源的发现和开发或者由于对外交通地位的建立，或者由于生产结构的变化等多种原因，使得农民脱离土地从事非农业生产、农村地域转化为城市地域的过程，这种情形多存在于农村城镇化的过程。

总体上说，不论城市化的方式如何，城市化的过程都是由农业为主的传统乡村社会向以工业和服务业为主的现代城市社会逐渐转变的历史过程。这种过程也是一种较为复杂的社会运动，把握与促进城市化过程需要诸多深入而细致的思考和工作。

从人口结构的角度来说，目前我国城市化的主要特点首先表现为农业人口的大规模转化促成的城市人口大规模增长，以及农村人口的比重不断下降。从数量上看，改革之初的 1978 年，城市人口仅为 1.72 亿，截至目前，城市人口已达到 7 亿，城镇化率已突破 50%。其次，城市的发展由单一的追求经济目标开始向注重城市品牌和特色,注重城市功能、注重以人为本的综合发展;在空间布局上,已由单一的城市发展开始向集群式发展方式转变,城市管理也由单纯的管理向经营转变。在一系列的变化过后,现代城市正成为人才、科技教育、财富的热岛。

对于农村来说,城市不仅代表着高品位的生活、高水平的人文素质,更具有高聚集度的财富效应。因此,成为城市市民也是农村人口的一种向往,一种潜在的动力。

单纯地从经济视角来说,城市化就是农村经济转化为城市化大生产的过程,从这个角度来说,城市化是工业化的必然结果。一方面,工业化会加快农业生产的机械化水平、提高农业生产率,同时工业扩张为农村剩余劳动力提供了大量的就业机会;另一方面,农村的落后也会不利于城市地区的发展,从而影响整个国民经济的发展。而加快农村地区工业化大生产,对于农村区域经济和整个国民经济的发展都具有积极意义。

从经济的视角来考量农村人口转化的内在动力,无法忽略的一个问题就是收入,我们可以做一个简单的判断,那就是只有当农村人口的人均收入与城市居民的人均收入持平才能达到一种平衡,农业人口城市化流动的动力才会削弱或消失。换句话来说,只有农业人口的人均收入与城市居民的人均收入达到一种动态的平衡,城乡发展达到一种和谐的状态,农村人口涌向城市的动力才会有效减弱,城市化过程才可以告一段落。

此外,在价值观念上,在城市化过程中,城市基础设施和公共服务设施不断提高,同时城市文化和城市价值观念成为主体,并不断向农村扩散。所以,城市化也是生产力进步所引起的人们的生产方式、生活方式以及价值观念转变的过程。当然,不论城市化还是工业化,其根本目的只有一个,那就是提高人民生活水平,改变落后的生活方式,提高整个国家与民族的生活素质。

回顾我国城市化进程,在计划经济时代,我国的城市化进程十分缓慢,每年大约只有 500 万人拿到城市居民身份。在那个时代,城市居民有着农村人口无法企及的优越感。在改革开放前 20 年,城市化速度明显加快,特别是近二十年,城市化过程得到高速发展,城镇人口从 1.7 亿上升到 7 亿,每年转化的农业人口约在 1%。尽管如此,农业人口的转化速度仍然落后于城市大工业经济的发展速度,这一点,城市之中存在的

2亿6300万流动人口就是一个明显的证明。

从某种角度来说,大量存在的流动人口一方面说明城市工商企业在蓬勃发展,一方面也说明大量农村富余劳动力仍在城市化的边缘徘徊并成为城市发展中的"赘余"。这种情况表明我国城市化的急迫性,以及面临的巨大压力。同时,也说明经济社会的发展格局存在某种程度的不合理性,系统性政策调整与改革势在必行。

值得着重指出的是,农业人口的转化是一项长期的工作,在城市化过程中有许多值得注重的方面。

笔者认为,在城市化过程中要注重防范两个主要倾向:一是过度城市化;二是过度提高农业人口转化的门槛。

什么是过度城市化呢? 这个问题要从几个方面来谈,首先,农业人口的转化是以城市容量、城市工商企业发展状况以及与城市相关的农村经济发展状况为基础而进行的过程。一言以蔽之,就是你的城市有多大的容量或潜力,以及你的城市工商企业还有多大的发展空间,即还需要多少农业劳动力。没有考量这些前提条件,盲目推进城市化,其结果必然会以失败告终。2013年9月,人民网微博发表了一篇未署名文章,披露了天津盲目造城,至今成为"空城"的案例。所造之城"天津新城"占地 260 多平方公里,极尽奢华,可惜,工作人员比常住业主还多,同样的情形在内蒙古鄂尔多斯也在上演,耗费大量资金建造的康巴新城入住率也低得离谱。可见,并不是有了城就会有人,就会有效转化农业人口推进城市化。

回到本节的主题,所谓城市容量指的是城市对各种城市活动要素的容纳能力。包括用地容量、人口容量、工业容量、环境容量、交通容量、建筑容量等,这些容量的总和即为城市容量。超过城市容量的限度,人体健康、生态环境、城市机能都将受到严重威胁和危害。一个城市容量的大小,受城市工商业发展水平和地理环境制约,反过来说,也就是一个城市的工商企业发展水平与一个城市所处的地理环境决定着一个城市的容量。

在目前我国的城市中,如北京、上海、广州等一线城市中,城市超容问题十分突出,交通、污染、噪音等因素已影响到居民健康,亚健康已成为一线城市的流行病,而逆城市化机制尚未完善。

所谓逆城市化,指的是 20 世纪 70 年代以来,发达国家以及一些大城市中心市区郊区人口向外迁移,迁向离城市更远的农村和小城镇,出现了与城市化相反的人口流动的现象。逆城市化也称城市中心空洞化。

逆城市化不是城市化的衰败,而是城市化扩展的一种新形式,它是建立在城乡差别近于消失、形成一体化的基础上,乡村、小城镇的交通、水、电、信息等设施完善,再加上优越的自然风光,吸引了久在城市中面对浑浊空气、噪声的大城市居民到乡村、城镇暂住、定居,从而导致逆城市化现象,如美国、西欧的一些发达国家,逆城市化现象明显。逆城市化现象具体表现在大城市中心区萎缩,中小城镇迅速发展;乡村人口数量增多,城市人口向乡村居民点和小城镇回流。我国有些城市在逆城市化方面的举措主要有卫星城的建设,在城市化过程中要注重防范的第二个方面是过度提高农业人口转化的门槛。比如目前实施的购房入户,如果商业地产模式不加以改革,过高的房价仍将成为农业人口转化的障碍。目前而言,土地财政的终结并没有完全改变房价高企的现实,以地产带动经济增长的方式的吸引力仍未消除。城市地产业的改革以及运营机制仍需深入研究与探讨。

此外,在城市化过程中,要注重城市品牌的培育,不但要注重吸收特色人才,也要注重发展特色产业,更要与城市扩容的需求相适应。在这方面,许多城市付出的代价是惨重的,比如海南的烂尾楼,内蒙古自治区呼和浩特市的大量空置房等都是盲目扩容造成的损失。

总的来说,城市化是农业人口转化的必由之路,用长远的目光来看,只有农业人口得到顺利转化,才能够实现农村土地的顺利流转,才能够提高农村人口的平均收入,缩小城乡差距,最终实现城乡一体化发展。而在城市化过程中既要防范过度城市化,也要注重降低城市化的门槛,更要与当地经济发展状况相适应,盲目城市化以及阻碍城市化都将损害经济社会的运行与发展。

二、城市征地与农民的权益

改革开放以来,随着城市化的提速以及城市人口的快速增长,城市扩容已成为中国城市的普遍现象,城市商业地产的火爆也成为经济社会一道独特的风景,地产大亨们不仅盖起了一栋栋漂亮的住宅,还掀起了一股造城热,动辄几平方公里、十几乃至几十上百平方公里大面积建造商品楼。

在热浪翻涌的造城运动的背后,是一连串的征地热流,一连串的拆迁热流,农业用地被一次次大量征用、居民楼被拆迁。由此产生的大量失地农民及强拆案件也带来了许多社会问题与社会矛盾,城市扩容用地与农业用地的土地矛盾也越发凸显出来。

客观地说,征地是中国社会独有的现象,按现行中华人民共和国宪法规定,城市土地归国家所有,可以按城市规划转让使用权,而农业用地一般归农村集体所有,必须先征为国有才能转让使用权。一些土地储备较为充足的城市自然无须征用农业用地,而一些土地储备较为紧张的城市,在商业地产的高利润诱惑下,不得不频频征用农业用地,由此导致的土地矛盾也越发突出。

一般来说,征地是征地所在城市政府部门的职能,并不是由地产公司直接征用。在这一征一转之间,往往会产生巨大利益,这些利益也成为地方政府的财政收入来源之一,也有学者称之为地方政府的第二财政。所以,人们也把征地与土地使用权的转让称为土地财政。

也许那些恶性征地的城市至今也弄不明白为什么

如此之好的发展取向却取得了如此恶劣的后果,究其根源,只有一句话,那就是政策取向没有从最为广大的农民出发或者没有从广大市民的利益出发。

不论什么样的政策,只有从最广大人民的根本利益出发,才会取得圆满的结果。这是一条真理,也是一条共产党在革命战争时期屡试不爽的真理。背离了这条真理,也就背离了人民,背离了"一切发展都是为了人民"的政治信念。从此出发,土地财政的终结既是历史的必然,更是经济社会发展中的理性回归。

那么,也许会有人问,土地财政究竟有多大的利益,让政府部门明知不可为而为之?在城市征地热潮中,违法征地的案例不胜枚举,2011年年初,山东冠县清泉办事处在未召开村民大会、未举行政策听证和价格听证、未张贴征地公告和安置补偿告示的情况下,违法征地,擅自征用65户农民的基本农田200多亩,镇政府以每亩3.8万元征地,然后,转手以150万元/亩的价格卖给开发商,给失地农民的补偿款仅为1/40。3.8万与150万,巨额差价的存在,让征地部门尝尽了甜头,也让失地农民尝尽了苦涩,巨额财富流向也大多数成了难解之谜。

中国国际联合社记者刘月朋在山东采访时还了解

到,山东微山县开发区非法占地倒卖农田 4100 多亩,据村民反映,每亩的补偿款仅为 39000 元,而政府转手倒卖的价格高达 100 多万元,在土地征用过程中工作人员甚至采取了欺瞒哄骗的办法,有的不同意签字的农民甚至还被关押罚款,土地被征用后,农民得到的除了几万元补偿款外一无所有,失去了赖以生存的土地,未来的生计处于毫无着落的地步。

这两则案例大体是征地运动中农用地被征用的一个缩影,当然,也有符合规范的征地案例,但补偿款普遍超低。

针对土地违规案例,相关部门的处罚措施不可谓不严厉,按《基本农田保护条例》第十五条:"基本农田保护区经依法划定后,任何单位和个人不得改变或者占用。国家能源、交通、水利、军事设施等重点建设项目选址确实无法避开基本农田保护区,需要占用基本农田,涉及农用地转用或者征用土地的,必须经国务院批准。"

按《中华人民共和国土地管理法》第七十三条:"买卖或者以其他形式非法转让土地的,由县级以上人民政府土地行政主管部门没收违法所得;对违反土地利用总体规划擅自将农用地改为建设用地的,限期拆除在非法转让的土地上新建的建筑物和其他设施，恢复土地原状，对符合土地利用总体规划的，没收在非法转让的土地上新建的建筑物和其他设施；可以并处罚款；对直接负责的主管人员和其他直接责任人员，依法给予行政处分；构成犯罪的，依法追究刑事责任。"

据此，相关部门针对违规侵占农田以及违法征地做了大规模的处罚，仅在高峰期的 2007 年，全国各地就处理土地违法案件 22395 件，涉及土地 32872.84 公顷；给予党纪处分 927 人、政纪处分 561 人，其中地（厅）级干部 2 人、县（处）级干部 100 多人；移送司法机关处理 870 多人，给予刑事处罚 160 多人。处罚不可谓不严厉，而土地财政仍在前行。

2011 年 4 月 19 日上午，国务院新闻办召开新闻发布会，通报国家土地督察公告相关内容和当前国土资源执法监察各方面的情况。国家土地副总督察甘藏春在发布会上表示，在中国土地财政是一个客观事实，是我们的一个制度安排，但当前土地财政形成的机制有问题，牺牲了子孙后代的利益。

2012 年年末，国务院常务会议讨论通过了《中华人民共和国土地管理法修正案（草案）》，此草案一经全国人大常委会审议通过即可执行。此次修改，主要内容是提高征地补偿数额,提高额度可能至少为现行标准的 10 倍。如原来一亩地征收标准为 6 万补偿款,按新的土地管理法即可以拿到 60 万的征地补偿款。

笔者认为,即便新的土地管理法出台,也无异于饮鸩止渴,除了增加一点补偿金外,无法从根本上扭转征地乱象。而这种增加补偿的办法换来的更有可能的是房价的抬高,将多年来房价宏观调控的成果消泯。换句话来说,土地财政是一剂顽固性成瘾剂,没有管理方面的创新,是无法杜绝这种隐疾的,而城市化仍将进行,由此产生的土地财政与城市化之间的矛盾仍将持续。

分析与总结城市用地与农业用地的矛盾,从根本上说,仍然是一种利益关系方面的矛盾。只有充分理解各方面利益诉求,理顺方方面面的利益关系,城市扩容才能够顺利进行。

笔者认为,农业用地的征用首先要从城乡统筹发展出发,充分调和土地二元结构带来的矛盾,不能只顾城市发展而置失地农民于不顾。要充分尊重农民的权益,杜绝侵犯农民权益的征地行为。

2013 年 3 月,全国政协十二届一次会议第二场记者会上,中农办主任陈锡文在答记者问时痛诉土地财政的弊端:"很多城镇的发展对土地财政过于依赖,这就会带来对失地农民合法权益的某种侵犯。所以我想今后征地制度改革中一定要充分认识到这一条。据我们了解,世界各国如果城市化进程中、现代化进程中社会比较平稳,那么这些国家和地区大多是把城镇化的过程作为一个富裕农民的过程。而如果城镇化过程变成了剥夺农民、损害农民利益的过程,这个成就就不能持久,社会也很难安定。"

分析这段话,主要包含了两层含义:一是强调农民的权益;二是过分依赖土地财政对农民权益的侵犯。

在前面的章节中,我们曾明确探讨过农民的权益,在我国现行宪法、物权法、土地管理法以农村土地承包法中,都明确规定农村土地的集体所有制性质,以及农民对农业用地拥有占有权、经营权、转让权以及所承包的土地受法律保护等一系列内容。

土地财政对农民利益的损害主要表现在利用农业用地集体所有制性质,以及缺乏责任管理与经营部门的缺点,低价征地并高价转让,以及强迫征地等方面。在征地的同时,缺乏综合考量,往往只征地而不顾失地农民的保障,据相关资料保守估算,目前为止,全国失地农民的数量不下 5000 万,这些失地农民大多数都是只领取了低额补偿后自谋生计。这是一个潜伏的社会问题,一旦这个问题浮出水面,必然会带来许多社会问题,影响到和谐社会的建设与城市化的进行。

所以,在城市化过程中既要统筹兼顾注重城市的发展与农业人口的转化,也要注重农民的利益,完善对失地农民的保障。从某种程度上来说,没有对失地农民的保障,城市化过程也难以进行,所产生的社会问题也必将影响到整个社会的安定和发展。

三、城乡统筹与二元土地结构

城市工商企业的快速发展带来的农业人口的城市化以及城市扩容,引发了城市用地与农业用地这对矛盾,由此,城乡二元土地结构成为城市化的一个瓶颈问题。如何解决这对矛盾,并顺利实现城乡统筹发展以及城市化目标也成了困扰经济社会的一大难题。

所谓城乡统筹发展,最早由党的十六大首次提出,十七大时再次强调,十七届三中全会又明确提出到2020年基本形成城乡经济社会发展一体化的新格局。2010年的中央1号文件又进一步把统筹城乡发展作为主题,以此为标志,标志着统筹城乡发展进入了实质性的操作阶段。

具体来说,统筹城乡发展涉及的方面很多,比如,按城乡统筹发展设想,规划要一体化、基础设施要一体化、产业布局要一体化、公共服务要一体化、社会管理要一体化,可能还有其他方面也需要一体化。这些一体化,概括起来,从本质上讲就是城乡居民权利的一体化,包括政治权利、经济权利和社会权利,让农民享有与市民一样的权利、一样的地位、一样的利益,实际上是要解决农民事实上长期处于"二等公民"地位的问题,真正获得《宪法》赋予的公民权利,给农民完全的国民待遇,建立以公平、平等为基本特征的新型城乡关系。不过,统筹规划首先触及的就是城乡土地的二元结构问题。

所谓二元土地结构指的是城市土地归国家所有、农村土地归集体所有两种所有制形式。在改革开放之前,城市化进程十分缓慢,土地的二元结构矛盾并不突出,土地的价值也无从显现。改革开放以后,随着经济的快速发展及城市商业地产的兴起,土地的价值得到了充分的体现,在地产大亨的造城运动中,动辄几十亿几百亿拿地的现象屡见不鲜。每一个年度的"地王"

都身价亿万,身居大潮中的人们,几乎没有时间来反思"为什么会这样"以及"应该怎样"等诸如此类的问题。

那么,我们究竟应该如何解决或者说如何理顺二元土地结构带来的一系列问题呢?回顾我国土地二元结构的形成,从新中国成立之日算起,在土地政策上就实施了城市土地归国家所有、农村土地归集体所有两种所有制形式,并且在中华人民共和国第一部宪法中就做了明确规定。在当时的情况下,实行两种所有制形式事实上具有积极意义,即便是在目前,两种所有制形式也具有积极意义。

第一,中国是传统的农业大国,在新中国成立之初,工业发展十分落后,工业经济百废待兴,在受西方资本主义国家封锁的情况下,自主发展工业的科技人才储备者极为贫乏,加上种种政治因素,在短时期内工业大规模发展的可能性很小,而发展农业的可能性却没有障碍。由此,将发展农业作为发展国民经济的首要目标是唯一选择。所以,保证农民的利益,调动农民的积极性也成为首要目的。从这个角度出发,农业土地的集体所有制可以看作是调动农民积极性的具体措施。

第二,中国革命从根本上来说是农民革命,与千百年来的农民起义在本质上尽管有所差别,所追求的最终目标也天差地远,但最为基本的革命要求是差不多的,这种要求就是土地。正如电影《亮剑》中政委赵刚说的一句话:"农民如果有了土地,给座金山都不换。"由此,新中国成立之初将农村土地划分为集体所有理所应当,这也可以看成是国家给予农民的福利。事实上,对于个体农民来说,所需要和拥有的只是土地占有权与经营权,土地的所有权仍在于当时情况的县乡村基层组织,这一点,在城市扩容的连续征地中就已经有所体现。只要农民不签转让协议,征地即可以宣告失败。

第三,从现阶段城市化进程以及城市扩容引发的征地运动看,城乡二元土地结构仍有其积极意义。一方面,这种所有制的差别是以宪法与一系列法律为支撑的,具有不可动摇的法律基础,有利于宏观管理。另一方面,这种差别有利于从法律的角度保护18亿亩耕地的底线,维护国家耕地安全。此外,土地的二元结构也为农村人口的城市化以及社会保障划定了一个门槛,这个门槛有利于防范过度城市化以及农村土地的不合理流转。在这方面,目前仍需借重于农业用地转为城市工业用地的流转机制方面的完善。对于目前来说,成为农民的自豪感的时代尚未到来,这个门槛仍有存在的意义与价值,至少这是一个农业人口转化的宏观度量与管理上的参考依据。

第四,二元土地结构并非划定城市与乡村之间牢不可破的界限,这种结构也并非出于划分社会阶级的目的,而是出于农业经济的发展以及改革之前农村特有的国情。目前而言,从科学发展观出发所倡导的城乡统筹发展是科学发展观中五个统筹的第一个统筹,也是目前而言仍具有积极意义的重要方针与策略。城乡二元土地结构的存在也正是实施城乡统筹发展的突破点。新中国第一部宪法诞生之时所确定的土地二元结构的深远战略意义也许就在于此。

第五,打破城乡土地二元结构必须切实地从城乡统筹发展出发,不能牺牲农民的利益而只顾发展城市。在以往的发展中,不论征地的补偿标准如何,事实上从根本上违背了这一原则。而在未来的发展中,如果仍然无视这个原则,也必将积重难返,最终引发重大的社会问题。

总体上说,从城乡统筹发展的政策取向以及土地二元结构存在的价值与意义方面,我们大体上可以清楚未来的发展需要什么样的模式。从城乡统筹发展的首要内容——统一规划的角度来看,土地是首要的一关,没有土地方面的统筹规划,城乡统筹发展亦失去了基础而无法展开。

事实上,从我国经济社会发展的历程来看,城市大工业经济的发展仍然属于农业长期滋养的结果,庞大的农村人口不仅是一个庞大的消费群体,农业的结余也通过国家转化成对城市工业的投资,而国家对农业的投资则相对较少。在这方面,新中国成立以来工业经济亏欠农业经济太多太多。而目前的城市化进程尽管要归功于工业化发展的结果,但没有农业用地的转化,亦很难取得进展。在这一点上,农业用地的转化不仅起着促进城市化进程的功效,也成为城市工业经济的发展要素,目前而言,这也是备受失地农民诟病的农村继续哺乳城市的延续。

笔者认为,不论从大的政策方向出发,还是从小的区域经济发展出发,农业哺乳工业,农村哺乳城市早该结束了。工业反哺农业,城市反哺乡村的时代早该开启了。清楚地把握并扭转经济社会发展的惯性,适时促进工业与城市反哺农业,不但是一种明智之策,也是一种造福7亿农民的民生工程。

土地,是农民的唯一依靠,是农民赖以生存的保障,有失公平的征地运动,不但剥夺了农民对土地的占有权与经营权,还彻底地剥夺了农民们的最后一点希望。此种情形如果继续下去,难免会出现重大社会危机。用长远的目光看,只顾眼前,只顾财政收入的短视行为,不但危害了农民的利益,亦是对城市化进程的危害和对经济社会整体健康运行的危害。

从某种程度上说,城市化是目前我国实施的重大发展战略,也是提振经济、和谐社会的重要举措。有经济学者还称,未来 30 年,城市化将引领中国经济。从这个角度来说,统筹城乡发展,统筹城乡土地规划,不但是一种长久战略,也是一种在金融危机背景中,经济社会转型发展的重要决策。

笔者认为,在城乡统筹发展中,不应视城乡二元土地结构为障碍,而应看作城市化的一个抓手。只有从城乡土地二元结构出发,切实从农民的利益出发,才会变不利因素为有利因素,消弭二元结构带来的阻碍。

而从农民的利益出发,就会很清楚地看到需要做哪些工作。笔者认为,城乡统筹规划是大局,在这个大局中关乎土地的内涵至少应涵盖以下要素:第一,从城市工商企业发展状况出发,精确预测与规划未来一定时间内要转化多少农业人口,城市扩容应达到什么样的规模;第二,征地与农业人口的转化能否同时进行,也就是说,在征地的同时,也可以将失地农民合理地转化为城市居民,一并解决农民失地带来的困境,永解城市化的后顾之忧;第三,必须严格坚守一个不变的原则,并将这个原则变成征地的核心机制,那就是将农民的保障放在第一位,或者说,农民的保障也是土地征用的前置条件,没有这个条件,必须暂缓征地;第四,经济社会的发展归根到底是要靠人来发展,人的因素是首要的第一位的因素,从经济结构、人口结构、城市化率、工业化水平等要素来统筹规划城乡发展不失为富有远见的选择。从这一点出发,城乡土地的二元结构与农业人口的转化必将成为经济社会发展的重要推动要素而不是阻碍力量。

总体上说,经济社会的发展终究是人的发展,无论发展模式如何,提高人民生活水平与社会保障水平,增强社会幸福指数都是最终目的,统筹发展的一个根本要义就是要考虑综合平衡,不能顾此失彼。有关发展的一系列问题中,土地流转是根本问题,也是基础问题,没有土地流转,城市扩容无法实现,农业人口的转化也是空谈,经济社会的整体发展目标也难以实现。所以,正确处理统筹发展与二元土地结构间的关系也是至关重要的基础性问题。

四、城市化带来的社保问题

城市化是目前经济社会发展战略中的核心要素，也是实现经济增长的一个重要手段，按有关专家的估算，我国实施的城市化战略至少可为经济社会带来30年的稳定增长期。从经济社会整体发展战略的高度来理解，城市化并不是简单的农民进城，也不是城市规模的盲目扩大或遍及全国的小城镇开发，更不是行政意义上的县变市、乡变镇。而是在经济社会总体发展的大前提中，提高经济社会运行效率、改善人口结构与经济结构、实现新型工业化战略目标、提高城市化率以及提高全社会公民物质生活与精神生活水平，并由传统的农业社会向现代工业社会转化的过程。

城市化并非今天才提及的战略，在新中国成立之日起，城市化就在进行，只是受工业发展速度的制约较为缓慢而已。新中国成立前30年，经济社会处于计划经济时代，国民经济原始积累的过程较为漫长，城市化的步伐十分缓慢，按相关资料统计，全国每年农转非的数量只有 500 万左右。改革开放前 20 年,城市化的步伐明显加快,但总体上说,城市化的速度仍然落后于城市工业经济发展的速度,这种滞后在一定程度上阻碍着工业化与现代化的发展。近年来,城市化的步伐明显加快,城市扩容的速度也明显提高。从目前的 7 亿城镇人口数量来计算,近二十年来平均每年转化的人口数量大约在数千万。

这种转化并非想当然的那样美好,在转化为城市人口的原农村居民中,有相当多的一部分人付出的是失去土地,并面临城市社保体系的高门槛的代价,按有关资料的数据,因城市扩容而失去土地农民在全国有 5000 多万,由此产生的一系列问题已成为城市化的一大隐忧。

从我国经济社会的发展历程来看,长期以来,失地农民的社保问题一直困扰着社会;长期以来,城市社保与福利与农村社保一直存在系统性差别,这种差别正成为阻碍城市化的一大障碍;长期以来,土地红利与农民无缘,农民唯一赖以生存的土地被廉价征用,利益被强权所侵犯;长期以来,农业经济与农村默默滋养着工业经济与城市发展;长期以来,受城乡二元结构以及体制与机制的框定,农村居民难以尽享改革的成果……

凡此种种,已成为未来经济社会发展必须解决好的重大问题。

从工业化、城市化、农业人口转化的大视角来看,这是一个系统性问题,需要的是长远的目光与长远的战略。仅从人口结构的角度来说,按国家人口战略相关规划,未来 30 年,仍然要有 3 亿农民转化为城镇居民,不解决好这些问题,易于积重难返,并引发大规模社会矛盾。

事实上,从经济社会整体发展战略的角度来说,被动城市化造就的失地农民、城市化人口的社会保障问题以及城市社保与农村社保的差别已经构成为经济社会运行策略方面的重大失误,由此带来的问题已构成工业化、城市化的核心障碍。越早解决越有利于经济社会的发展,越晚解决,付出的代价越高。

从社会保障的差别来看,在中国社会保障制度的50 年历史中,前 30 年是以《劳动保险条例》为代表的"低工资、多就业、高补贴、高福利"的国家包企业,企业包职工的统包政策。进入 20 世纪 90 年代后,我国经济体制改革发生了质的变化,社会保障制度亦随之进行了改革,陆续以法律、法规和政策的形式,颁发了各种基本的社会保障制度,中国社会保障制度开始了一个体制和制度创新的阶段。在制度创新方面，将个人账户制度引入养老保险和医疗保险，形成"低水平、广覆盖、多层次、双方负担、统账结合"的基本保障思路。

而从城市化的角度看，中国社会保障制度还不能够城乡统筹，城乡社会保障体系仍处于二元结构状态，这种差异限制着乡村人口进入城镇。主要表现为保障对象基本上是城镇职工与市民，农民工能够享受的社会保障或者含糊不清、或者干脆将农民工排除在外。事实上，受缴费制度的局限，用人单位一般只负担正式职工的保障费用，进城务工的农民大都是临时工，是得不到这种保障的。而由政府负担的社会救助内容目前也主要面向国有企业职工，特别是国有企业下岗职工，非国有企业职工及大批农民工没有任何保障。

从城乡保障差别的主要方面来看，城市居民享受的国家给予的退休金、公费医疗、福利住房、粮食和副食补贴等待遇，都是农民所没有的，目前农村人口所具备的社会保障只有养老保险、最低生活保障、计划经济时代沿袭下来的五保供养、新型农村合作医疗等有限的几种。保障水平远低于城市保障水平，与城市保障体系尚无法接轨。

　　这种情形对于从农村进入城市的居民来说，无疑是一种决定市民身份的重要关卡，这个关卡的存在也在事实上对农业人口的转化构成了障碍。土地，是农民赖以生存的保障，放弃土地进入城市，如果无法获得与市民同等保障水平，也是一种不平等。事实上，如果能够成为城市工商企业的正式员工这些问题尚可以通过企业来解决，而如果进入城市即失业，那么，参加社会保险就将成为一项不小的负担。而对被动城市化的失地农民来说，则只能望保兴叹！

　　因此，失地、被动城市化、进城即失业也是横亘于城市化之路上的拦路虎与绊脚石。对于一个农民来说，失地，即意味着失业、即意味着失去财富之源、即意味着失去了一个农民最基本的权益、即意味着失去了唯一的生活保障，由此带来的政治文化、教育等方面的权利和利益，均因失地而受到不同程度的损害和影响。

　　现实生活中，农民失地与城市化或被动城市化是密切相关的，在已经城市化的农村居民中，事实上是用土地权益与劳动力资本换来了一个城镇居民身份，或者说，是用土地权益与劳动力资本换来了一个城市居民福利包。在这个福利包中，本应含有城市居民的一切福利待遇。但是，现实上的情况往往不是这样，这个福利包往往会缩水,社会保障的城市福利往往会被征地部门以及土地开发商轻描淡写地省略了。

在失地以后仍未城市化的农村居民中,绝大多数既没有土地也没有固定工作,又没有社保,成为新的农村"三无"人员。据有关研究者估算,目前农村居民中,这种新"三无"人员的数量约在2000多万,且仍处于增长阶段,正在成为一个新的流动群体。这种状况如果不加以扭转,必然会累积成各种社会问题。

总结以上分析与论述,城市扩容导致了失地农民增多;城市社保与农村社保的差别正成为农村居民城市化至关重要的障碍;失地以后城市化或被动城市化所面临的进城即失业已成为农村居民城市化的绊脚石;失地以后未城市化的农村居民正形成一股新的社会"三无"人员。而这一切,从根本上说,都是由于在既得利益推动下缺乏统筹发展规划,只重城市发展,忽视农村居民城市化以及农村居民的福利造成的,也正是这种倾向造成了土地权益与劳动力资源与城市福利不等价的事实,而这种事实也是城乡之间的差别与城乡二元社会结构的根本所在。

笔者认为,扭转这种状况不仅需要城乡统筹发展的正确理念,更需要通过机制建设,平衡土地权益、劳动力资源与城市福利的杠杆,为农村居民城市化搭建一条公平合理的通道。

五、问题与对策

总结本章论述的主要议题,可以简单地概括为在城乡二元土地结构前提下,城市化过程中所存在的主要问题或需要注重的方面。这些问题的核心仍然是土地流转,或者说只有从土地流转的角度,才能更清楚地描述这些问题都具有什么样的内涵。

简洁地说,围绕城市化进程中的土地流转,值得着重研究或者注重解决的主要问题有三大主要方面,其一,如何注重城乡统筹发展,以及如何在城乡统筹发展中协调城市用地与农业用地的矛盾;其二,如何既促进土地流转又保护农民的土地权益;其三,如何在社会保障方面做到城乡接轨,为农业人口的转化铺平道路。

笔者认为,如果这三个方面的问题得到稳妥处理,那么,必将对经济社会的稳定发展起到积极的促进作用。而要解决这些问题则必须要注重两个方面,一要在发展理念上贯通,二要在执行中落到实处。

在发展理念上贯通就是要从大的视角出发,清醒地认识到经济社会正由传统的农业经济向工业经济迈进,并系统地理解与看待城市化、土地流转、城乡统筹,以及农业人口的转化之间的密切关联,由此形成正确的全局性发展理念与实施规划。既不能只注重城市的发展而忽视乡村的发展,也不能只顾既得利益与眼前利益,而要从全局出发谋求整体的长远利益。局部的发展要符合整体的利益,各种利益间的协调要出以公心,以达到公平与公正。消除官本位思想,遵循市场经济原则,以市场为杠杆进行调控,切忌武断干涉各个环节的正常运行。各种规则的制定与调整要符合当时当地的经济发展水平与状况,要有利于促进系统性运行,实现可持续发展。

从此出发,在实施城乡统筹发展、调和城乡二元土地结构过程中,要积极倡导创新思维与创新模式,既要注重农民的权益,也要适时促进城市化;既要把保护农民的权益作为不可动摇的前提条件,也要统筹城乡规划,消弭城乡土地二元化鸿沟;既要促进城乡二元社会保障体系接轨,也要敞开城门接纳新的城市居民并给予平等的市民待遇。

在我国,土地集体所有制赋予了每个农村居民平等地拥有村属土地的权利,土地分配随人口的变化而变化。农村土地不仅作为农村生产要素为土地使用者创造收益,而且,在劳动力市场不完善和非农就业机会有限的条件下,平等的地权为农民充分利用家庭劳动力创造了条件,并在劳动力丧失非农就业机会或丧失劳动能力的情况下,土地更可以作为一种保险来维持土地拥有者的生活。正因为如此,土地之于农民,犹如阳光之于绿叶。现行的农村土地集体所有制形式不但在维护农村稳定方面具有积极意义,也在消除农村贫富差距方面具有积极意义,事实上,新中国成立以来,农村土地所有制形式一直对农村的稳定起着决定作用。

而从现行的经济社会运行模式的角度来看,农村土地的这种集体所有制形式的缺点也暴露出来。这种缺点就是农村仍然是传统的农业经济运行模式,缺乏土地经营观念亦没有土地经营性机构设置,与工业经济运行中之公司化经营无法接轨,在土地流转中处于劣势地位。从根本上说,目前农村土地流转仍然听命于行政命令,只要行政方面决定征地补偿标准,个体农民不论是出于同意还是不同意都将出让土地权益,在土地征用方面,农民的权利事实上是系在政府的马车之上。在这一点上，中国农民堪称"最善良，最诚朴，最可爱"的人。

从经济社会整体运行机制的角度来衡量，这种状态不利于唤醒农民的现代经济意识与经营意识，不利于农业经济向工业经济转化，不利于缩小城乡观念上的差距，也不利于城乡统筹发展，同时，这种情形也是农民的权益屡屡受损的一个根本原因。据国土资源部统计，地方政府土地出让金每年平均达450亿元以上，而同期征地补偿费只有91亿元，巨额差值都是以牺牲农民的权益为代价获得的。

笔者认为，在城乡统筹发展中，土地规划是基础性统筹，这种统筹说到底就是国进民退，农村集体土地国有化然后再按统筹规划加以分配。从市场经济理论来说，不论国进民退的规模如何，都将按市场经济的原则来进行，那就是将失地农民的土地权益与劳动力资本放在经济的天平上加以衡量，并确定需要付出的成本。这样才有助于土地流转的公平与合理。

基于这种思考，与此相适应的机制建设为：将现代经济的管理理念输入农村，在农村基层的村或乡，在政府相关部门监管下设立由农民主导的土地经营公司，并将全部土地按统一的标准划分成股份，这样，农民既是股东也是管理者,既有利于土地流转又有利于公平交易。此外,农村基层成立具有现代管理机制的股份公司,有利于唤醒农民的现代经济意识,树立现代经济观念,并有利于与城市大工业经济接轨。此外,更主要的是这种机制建设的完成有利于实施土地经营新观念——土地银行。

第二个主要问题是:如何既促进土地流转又保护农民的土地权益。这个问题也是目前的一个热点问题,相关的文章较多,观点各有不同,仁者见仁智者见智。笔者认为,如果基层土地经营公司能够创建,这些问题完全可以打包交付公司来处理。目前而言,不论解决的方式与方法如何,其根本是保护农民的权益,在这方面,笔者建议城市扩容应该既实施征地补偿又应该同时收容失地农民即征地与城市同时进行。用长远的目光看,这是城市化的机遇也是农业人口转化的机遇。从经济社会整体运行的角度来衡量,城市扩容造成农村新"三无"人员无异于舍珠取蚌、得不偿失。

第三个问题是:如何在社会保障方面做到城乡接轨,为农业人口的转化铺平道路。在上一节中,我们已经大体上阐述了城乡保障体系的大致差别,笔者认为,这种差别是两种经济形式造成的,以工业经济为发展特征的城市其社会保障也必然会带上工业经济的特征,而以农业经济为发展特征的农村其社会保障当然也会带上农业经济的特征。这种差别从本质上讲也是由经济发展水平来决定的,并不是一朝一夕形成的,当然也不可能在短时间内达到统一。

笔者认为,农村社保与城市社保的接轨只有在经济组织形式上首先统一,才有可能消除城乡社保间的差别,并实现接轨。在这方面,将现代经济管理理念以及组织方式输入农村,或者以乡镇所在地企业带动农业经济向现代经济形式转变会有助于城乡社保差别快速缩小或消失。

在这方面,除经济性质的差别外,经济行为的组织模式的差别也是一种决定性因素。从实现经济目的的方法与手段上看,目前农村经济的组织模式尚处于较为低级的阶段,公司化经营的实现尚有待于经过土地流转与整合,以及农业人口部分转化之后才有可能完全实现。此外,现阶段农村人均收入偏低也是社会保障落后于城市的一个主要原因,在农村人均收入没有大幅度提高的情况下,城乡社保方面的差别仍将存在。

总的来说,从经济社会整体运行模式的角度来看,目前所存在的问题也是发展中的问题,完全可以在发展中得到解决。理念正了,模式就正了,模式正了,运行就顺畅了。这是一个系统性因果关系,而要理顺这些关系,仍然需要决策机构痛下决心,抛弃既得利益,并完全从经济社会整体运行机制出发,关注弱势群体的根本利益,以工业化带动城市化,以城市化带动农业人口的转化,以农业人口的转化来提高经济社会运行效率,并推动农业经济的现代化,从而构筑城乡一体化的发展格局,强国富民,实现中华民族伟大的中国梦!

第四章　土地流转与农民的保障

通过前面章节的论述,我们大体上了解了土地流转与城市化的关系,以及城乡社会保障方面所存在的主要差别以及农村"新三无"人员的出现。本章将从农村社会保障的现状入手,进一步深入系统地阐述与分析农村土地流转必要的前置条件,以及系统地探讨农村社会保障的现状与未来发展的创新模式。

一、农村社保现状

社会保障是经济社会健康运行不可或缺的一项重

要建设,也是经济社会稳定与安全的一项保证。新中国成立以来,我国的社会保障事业得到了长足的发展,并经历了不断的进步与改革。但由于工农业之间的差别以及城乡差别的客观存在,经济发展水平较为落后,我国的社会保障制度从起始之日起就存在城乡差别。

　　1952年颁布的《劳动保险条例》基本可以看作是我国社会保障的起点,但《劳动保险条例》所涵盖的主要为国营工商企业职工,以及后来增加的机关事业单位职工,并非所有的城市居民都享有这种社会保障,而农村居民更不在此列。

　　同时期的农村尚谈不上有什么保障措施,所实施的大体上只有五保供养与军烈属的优抚、贫困救济与救助以及比较具备现代保障雏形的合作医疗制度,而至今为止历经不断改革而延续下来的只有五保户的供养与军烈属的优抚,合作医疗制度则转变成了新型农村医疗保险,贫困救济或救助则转变成了以国家救助为主体的扶贫。

　　改革开放以后,城镇社会保障改革首先从医疗保险制度开始,经过不断的努力,至今已建立起了以城镇职工为保障对象的社会保险制度体系。主要内容为:以社会统筹与个人账户制度相结合的养老保险俗称统账制度、社会统筹与个人账户制度相结合的医疗保险、失业保险、生育保险与工伤保险等。

农村社会保障的发展与改革相对滞后于城镇社会保障的改革,养老保险是农村社会保障改革的一个开端与标志。从国家对农村居民的社会保障的重视程度上看,自"七五"计划时起,农村社会保障改革即进入了筹谋阶段,在党的十六大报告中,建立社会保障体系已成为全面建设小康社会的重要内容,十六届六中全会进一步把到 2020 年基本建立覆盖城乡居民的社会保障体系作为构建社会主义和谐社会的重要目标;十七大报告中,把改善民生、加快建立覆盖城乡居民的社会保障体系,保障人民基本生活放在了突出位置。至此,社会保障提高到了一个新的高度。

在此期间,民政部门对农村社会养老保险制度进行了积极的探索,并取得了初步成果。并开始向农村居民推广,但在推广的早期,受农村经济条件及各种因素的限制,农村居民参保的比率较低,据统计,2006 年之时,全国 8 亿多农民中,仅有 5374 万人参加了养老保险,这种情形大体上也是农村社会保障发展历程的一个缩影,也是农村社会保障改革的一个缩影。

经过不断的努力,到目前为止,我国农村已初步建立起了土地保障、新型合作医疗制度、社会养老保险、优待抚恤保障、最低生活保障制度、五保供养制度、家庭赡养、计划生育奖励扶助保障共八大保障项目,初步形成了农村社会保障体系。此外,国家还采取了自然灾害专项救助、特困救助、对农村重点贫困对象予以适当的生活救济等措施。分析这些保障的现状,我们即可以看到农村社会保障的现状——

1.土地保障。在八大项农村保障之中土地保障是核心保障,所谓土地保障指的是在其他就业渠道关闭的情况下,土地可以成为农民生活的基本来源,或者在土地所有者丧失劳动能力的情况下,通过土地转包或转让,可以获得生活保障。在农村,土地是绝大多数农民唯一可以依赖的生活收入来源,失去了土地就相当于失去了保障。

2.新型农村合作医疗制度。所谓农村新型合作医疗制度,是有别于传统的合作医疗制度的新型医疗保障。在改革开放以前的人民公社时代,在集体经济的支持下,农村合作医疗是农村人口的基本医疗保障,普及程度曾达到覆盖全国90%的农村生产大队和95%的农村人口。随着农村联产承包责任制的实施,农村集体经济随之解体,合作医疗制度也不复存在。为保障农村居民的基本医疗需求,从 2002 年起,我国开始实施新型农村合作医疗制度,其主要特点为由政府组织、引导、支持,农民自愿参加,中央财政与地方财政补助、集体、个人多方筹资,以大病统筹为主的农民医疗互助共济制度。据人社部统计资料,截至 2012 年年底,全国农村参加新农合的人数是 8.05 亿,基本上达到了农村人口全覆盖。

3.社会养老保险。社会养老保险也是农村人口基本保障之一,开始于 1992 年 1 月,当时的民政部颁布了《县级农村社会养老保险基本方案(试行)》,按此试行方案,农村社会养老保险按照"个人交纳保险金为主,集体补助为辅,国家给予政策扶持"的原则,以个人账户积累方式为主的农村养老保险工作以县为单位开始在全国各地推广开来。据人社部发布的统计数据,截至 2011 年年底,全国农村新型农村社会养老保险试点地区(27 个省、自治区的 1914 个县或市、区、旗和 4 个直辖市的部分区县)参保人数为 3.3 亿人,约占农村人口总数的 40%。

4.优待抚恤保障。优待优抚保障是目前农村从改革开放前沿袭下来的为数不多的保障科目之一。也是一种比较特殊的保障,其保障对象为老红军、复员军人、烈军属、伤残军人等。根据有关政策,对这些人给予不同的优待抚恤,其业务由民政部门负责主管。严格意义上讲,优待抚恤不是一般意义上的农村社会保障,它是支持国防建设的特别社会保障措施。

5.最低生活保障制度。最低生活保障制度是农村社会保障体系之中最具亮点的保障制度。所谓最低生活保障制度,指的是对家庭人均收入低于最低生活保障标准的农村贫困人口,按最低生活保障标准进行差额补助的制度,也就是人们常说的低保。据中商情报网公布,截至 2012 年 2 月,全国农村居民最低生活保障人数达到 5282.5 万人,农村居民最低生活保障户数达到 2686.3 万户。从这组数字中我们可以看到,我国农村生活在最低保障线以下的人口仍有 5282.5 万,并且,随着城乡收入差距的加大,保障线以下的人数仍有上升的趋势。

6.五保供养制度。五保供养制是我国最早建立的农村保障制度,起始于 20 世纪 50 年代,内容为依照国家《农村五保供养工作条例》的规定,在吃、穿、住、医、葬方面给予符合五保供养的村民的生活照顾和物质帮助。改革开放以后,根据国务院于 2006 年 1 月公布的最新《农村五保供养工作条例》规定,老年、残疾或者未满 16 周岁的村民,无劳动能力、无生活来源又无法定赡养、抚养、扶养义务人,或者其法定赡养、抚养、扶养义务人无赡养、抚养、扶养能力的,享受农村五保供养待遇。对未满 16 周岁或者已满 16 周岁仍在接受义务教育的供养对象,保障他们依法接受义务教育所需费用。

在供养形式上,主要有在当地农村五保供养服务机构集中供养和在家分散供养两种形式,供养对象可以自行选择供养形式。五保供养所需资金,在地方人民政府财政预算中安排,中央财政对财政困难地区的农村五保供养在资金上给予适当补助。按国家审计署 2012 年审计结果,截至 2011 年年底,全国农村五保供养人数为 578.62 万人,年人均供养标准为 3399.70 元[①]。整体上五保供养人数仍处于增长状态。

7.家庭赡养。家庭赡养是中华民族的传统美德,也是中华民族几千年来家庭伦理观念的表现。1996 年 10 月开始实施的《中华人民共和国老年人权益保障法》,以法律的形式确认了老年人被赡养的权利。由此,家庭赡养正式成为农村社会保障的重要科目之

---

① 数据来源于国家审计署 2012 年第 34 号公告。

一。从家庭赡养的主要形式来说,最主要的是子女供养,既是家族的一种责任,也是从法律角度出发而界定的农村保障形式之一。此外,家庭赡养与最低保障制度以及其他老年人的保障制度不相矛盾与冲突,可以并行不悖。

8.计划生育奖励扶助保障。计划生育政策是我国的基本国策之一,对于农村居民来说,控制人口数量的上升也是一项有利于长远发展的既定方针。自2004年起,农村计划生育家庭奖励扶助制度开始在全国5个省市和10个省的地级市试点。2005年,试点范围扩大到25个省(区、市)。从2006年起,这项制度在全国范围内全面推行。其主要内容是,农村只有一个子女或两个女孩的计划生育夫妇,每人从年满60周岁起享受年均不低于600元的奖励扶助金,直到亡故为止。奖励扶助金由中央和地方政府共同负担。实施该项政策的目的,是通过对实施了计划生育的家庭给予经济奖励和扶助,部分解决农村计划生育家庭的养老困难问题,形成利益导向机制,以更好地推进农村计划生育工作。

以上八项农村社会保障措施与制度构成了农村社会保障的基础体系,在此之外,国家还对自然灾害以及特困家庭实施了救助办法,农村的扶贫工作也是民政部门的重要工作内容之一。

总体上说,农村社会保障取得了一定的成效,在一定程度上缓解了中国农村老有所养、病有所医的普遍性问题。但从经济社会整体发展的角度来衡量,这种保障机制仍存在诸多挑战。从经济决定论出发,农业经济的落后状况导致土地保障的弱化,据相关资料统计,如果仅考虑货币收入,剔除农民收入中的实物部分,目前城乡居民人均收入差距已达到4倍多。如果考虑到社会福利方面因素的差异,城乡实际收入差距将进一步扩大到6倍左右。这种差距说到底就是生活水平的差距,而生活水平的差距也强化了农村社会保障的紧迫感。

此外,随着计划生育的实施,农村家庭成员普遍减少,家庭的保障功能大大地弱化了,加上人口老龄化问题,农村养老的压力也在加重。更为值得关注的是农村社会保障的财政资金投入偏低,加上农村人口的务实心态,保险金的交纳比较困难,事实上农村社会保障仍存在保险金方面的压力,而解决这些问题的办法仍需借助于国家财政转移支付标准的提高。

总结农村社会保障的发展状况与水平,我们不难得出一个结论,那就是农村社会保障的发展是相对滞后于城市社会保障水平的;城乡居民人均收入的差距正在加大农村社会保障的压力;尽管农村社会保障方面取得了较大的进步,但与城市居民的社会保障接轨仍存在障碍;尽管土地收益相对落后,但土地保障较其他保障而言,仍然处于农村社会保障的核心地位,主要表现在绝大多数农民所拥有的土地收益仍然高于社会保障的补给;农村人口的老龄化以及家庭规模的普遍减小,正在使家庭保障走进困境。

　　总而言之,农村社会保障的成就是众所瞩目的,所面临的问题与挑战也是较为严峻的。而从城乡统筹发展的角度来说,缩小城乡居民人均收入差距仍然是一个重要的着眼点,而在现实条件下实现这个设想的途径只有工业化与城市化并转化农业人口以及大力推动土地流转一途。

二、土地流转的必要前提

　　在前面的章节中,我们探讨过土地流转的必要性及意义,本节中,我们将从土地流转的主要方式出发,具体探讨土地流转的必要前提与规范土地流转的具体措施与思路。

从严格的意义上来说,土地流转是指土地使用权的流转,具体指拥有土地承包经营权的农户将土地经营权(使用权)转让给其他农户或经济组织从而获取土地收益的做法,这种土地流转的特点是转让土地经营权(使用权)而保留承包权,以两权——所有权与经营权分离为流转的前提。

分析土地流转的这种权益转移,我们可以看到,土地承包者转让的只是经营权或称使用权,而承包权或称占有权仍然保留在承包者手中。这种流转方式事实上只承认原始承包人为土地占有者,由此,我们找到了土地权益的更深层含义,那就是农村土地原始承包人所拥有的土地占有权是国家赋予农民的基本权益,这种权益也是土地流转的一个基本前提。澄清了这一点,有利于我们更清楚地理解各种形式的土地流转。

目前而言,按《农村土地承包经营权流转管理办法》规定,农村土地流转的基本形式有转包、出租、借用、互换、转让、入股等多种形式,此外,按土地流转的基本内涵,农村土地流转也包括城市扩容的征地以及社会公益性的公共建设用地的征用。

　　转包是农民集体经济组织内部农户之间的土地承包经营权的转让与租赁。转包人对土地的占有权不变。接包人享有土地承包经营权或使用权,获取承包土地的收益,并向转包人支付转包费,转包无须发包方许可,但转包合同需向发包方备案。

　　出租是农户将土地承包经营权租赁给本集体经济组织以外的人。

　　借用是出借人将土地承包经营权借给他人使用。借用是一种无偿合同,借用人无须向出借人支付土地承包经营权的使用费。

　　互换是农民为了耕作方便或出于其他考虑,将自己的土地承包经营权交换给本集体经济组织内部的其他人行使,自己行使从本集体经济组织内部的其他人处换来的土地承包经营权,承包方不能与其他集体经济组织的农户互换土地承包经营权。

　　转让是指土地承包经营权人将其拥有的未到期的土地经营权,经发包方许可后,以一定的方式和条件转移给他人的一种行为,并与发包方变更原土地承包合同。

　　入股是农户在自愿联合的基础上,将土地承包经营权以入股的形式组织在一起,从事农业生产,收益按股分红,是一种具有合作性质的流转形式,而不是入股组成公司从事经营。

此外,2004 年国务院颁布了《关于深化改革严格土地管理的决定》,其中关于"农民集体所有建设用地使用权可以依法流转"的规定强调"在符合规划的前提下,村庄、集镇、建制镇中的农民集体所有建设用地使用权可以依法流转"。也就是说,"农民集体所有的建设用地"的使用权也可以依法转让,这种有条件的转让事实上在一定程度上为农村集体建设用地的流转提出了制度限制。

国土资源部土地整理中心专家徐雪林在谈及农村建设用地时指出,目前我国村镇建设用地总量是城市建设用地总量的 4.6 倍,且用地布局散乱、分散无序,粗放利用现象严重。全国农村居民点用地总量高达 16.4 万平方公里,接近于河南省的总面积,人均用地 185 平方米,远远超过国家标准。因此,根据土地利用总体规划、集镇村庄发展规划,对农村利用不充分的建设用地进行综合整治,提高土地利用率,对进一步缓解城乡建设用地供需矛盾意义重大。

总的来说,不论是农民承包经营权的转让还是农村建设用地的流转,都是一种产权交易,这种交易也直接催生出了农村土地市场,而从市场化原则出发,农村土地市场的运营规则以及土地流转规则亟待系统化完善。

简单地说,作为一个市场,首先需要具备的是产权确认,这种确认是交易的一个根本前提;其次是交易规则的确定,有了合理的规则才会达成交易;最后,作为交易,供需双方的存在也是交易进行的前提,而从目前农村土地流转的状况来看,需求方与供给方都客观存在。

目前而言,全国农村土地市场的机制建设是相对落后的,主要表现在以下几点:第一,农村土地及建设用地的产权确认落后于事实上的土地流转;第二,专业化的土地交易机构以及咨询与中介机构尚未建立,职能部门对土地流转的监管尚处于职责不清的状态;第三,土地交易即土地流转的规则还仅限于国家出台的宏观管理方面的法律与规定,有关规则尚有待于从市场的角度出发进一步详细规定;第四,现行的土地市场模式是土地征收+国有土地一级市场。农村集体土地没有一级市场,农民集体不能将自己土地的使用权出让给用地单位。项目用地只能先由国家征收为国有,再将国有土地使用权出让或租赁给用地单位。这种征收+国有土地一级市场的垄断体制,不利于消除城乡土地二元结构统筹规划,也给权力寻租、滋生腐败创造了可乘之机。

由此而言,打破政府垄断土地一级市场的体制,建立与国有土地一级市场相对应的集体土地一级市场,形成"城乡统一的土地一级市场"十分必要,这种城乡统一的土地一级市场既是城乡统筹的必要手段与环节,也是促进城市化与保护农民权益的重要措施。说白了,在市场中的土地权利主体不仅可以是国家,也可以是农民集体,只有如此,才能从根本上消除城乡土地二元结构,有效消除城乡壁垒,为城市化铺平道路。

2013年9月23—24日,农业部在北京召开农村土地承包经营权确权登记颁证工作座谈会。农业部部长韩长赋在会上强调,要切实把思想和认识统一到中央的决策和要求上来,把情感和工作凝聚到维护农民利益和愿望上来,坚定信心,扎实做好农村土地承包经营权确权登记颁证工作。韩长赋强调,要准确把握农村土地承包经营权确权登记颁证工作的总要求。明确目标任务,用5年时间基本完成农村土地承包经营权确权登记颁证工作,着重解决承包地块面积不准、四至不清等问题,健全土地承包经营权登记制度,强化对土地承包经营权的物权保护。由此看来,农村土地承包经营权的确权工作已到了最后阶段,而农村土地权益的确认,也必将对农村土地流转起到积极的促进作用。

总结本节的主要内涵,农村土地流转的机制建设是土地流转的一个大的前提条件,随着农村土地流转的进行,农村土地的效能必将得到大幅度提高与挖掘。而从市场经济的角度看,缺失统一的专业交易机构与咨询服务机构以及必要的监管部门,既是对土地流转的阻碍也不利于城乡统筹规划及城乡一体化的土地市场的形成。而农村土地流转的主要目的并不局限于提高土地效能,更重要的是实现消除城乡土地二元结构,促进城市化进程并实现城乡接轨。

抛开以上土地流转在宏观方面的必备条件与社会价值,回到现实,就目前而言,在土地流转中,一个最为重要的直接关系到农村居民生存利益的就是土地流转中的社会保障问题。目前而言,许多地方政府采取了土地换社保的做法,而这种做法却备受社会质疑,由此,土地社保成为许多经济学者热议的议题,并成为农村居民普遍关注的焦点。

三、土地社保初探

承接上一节的议题,在本节中我们将重点探讨土地社保问题。在农村社保现状一节中,我们曾强调过土地保障在农村社会保障中的核心地位,其主要理由就是土地是农村居民生活的主要来源,绝大多数地区农村居民的土地收入仍然远高于社会保障的给付。所以,土地也是农村居民最为直接的保障,这一点毋庸置疑。

客观地说,正是出于这种原因,浩浩荡荡的城市化浪潮才诞生了一个新生事物——土地社保。所谓土地社保就是"土地换社保",指的是农民用所承包的土地来置换一份社会保障。实施"土地社保"的城市或地区因各自的情况不同,方案也各种各样,但总体上的基本思路是差不多的,主要内容为"两换":第一,农民放弃宅基地,换取楼房,集中居住;第二,农民交出承包的耕地、林地,换取城镇居民的社会保障。

20 世纪 90 年代初,土地社保在经济较为发达的长三角一带诞生。浙江省最早曾出台过政策:为在土地流转中失去土地的农民购买保险,并将一次性的土地补偿变为终身保障。在当时的情况下,这种做法很受失地农民欢迎,因此也得以通行。目前,土地社保已经在全国各地普遍展开,并成为城市化过程中土地流转的一道独特风景。

从积极的意义上来说,这种土地流转模式,不仅能实现农村土地的规模效益,减少土地流转障碍促进城乡生产要素的合理流通,也能为农民解除部分后顾之忧并促进农业人口的转化。而从负面的因素来说,这种模式并没有彻底解决进城农民的发展问题,而以土地换保障也备受社会质疑。

敏感的媒体也为此大发评论,2010 年 9 月,这种评论达到了一个高潮,人民网、新华网、半月谈网、《南方都市报》、《新京报》、《燕赵都市报》、《时代商报》等众多媒体先后发表或转载了相关评论文章。《时代商报》以颇具火药味的标题"'一手交土地'才能'一手领社保'是谁的城市化"①一针见血地指出:现实中,仅仅有了社保的农民,是不是真能过上他们理想中的城市生活,显然是需要打上个问号的……对于"社保换土

① 《时代商报》2010 年 9 月 1 日。

地"式城市化背后的不公,的确需要给予足够的警惕,对于失地农民的就业与生计问题,更需有社保之外的保障。

燕赵都市网则以"警惕土地换社保的负面效应"①为题详细分析了土地社保的弊端,文章指出:就目前全国各地的试点来看,所谓的"土地换社保",所换来的只是一部分保障或者浅层次低水平的保障,并非是完全保障。具体讲,农民用土地"购买"到的社保,大多数是单一的养老保险,而且保障水平也不太高。当然,有些地方为了农民进入城市后的生计,也开展了一些生存技能的培训,但从实际效果来看,并不理想。这意味着,"土地换社保",解决的仅仅是农民的生存问题,而难以解决未来的发展问题。

《南方都市报》则以"社保乃政府职责何须以土地交换"②为题,对土地社保提出了质疑。并直言不讳地指出:在"土地换社保"模式中,政府和农民是在实施一种交易,一方放弃自己在宅基地和承包地上的权益,另一方以提供社保作为报酬。显然,这种交易既与社保的性质不合,也与政府提供公共服务的职责相悖。

---

① 《燕赵都市报》2010 年 9 月 1 日。
② 《南方都市报》2010 年 9 月 2 日。

《新京报》则以"用土地换社保应当缓行"①为题深入分析了土地社保的深层问题,文章尖锐地指出:目前一些地方实施的土地换户籍、土地换福利政策,其根本目的不是改善农民的境遇,增进农民的福利,而是为了以低廉价格获取农民的土地,转手倒卖,以维持过去十几年来形成的土地财政、土地经济。

文章还分析了土地社保存在根本原因与政府的职责所在:户籍(包括与户捆绑的福利——笔者注)之所以具有一定价值,仅仅是因为过去半个多世纪以来,政府没有平等地向农村居民提供公共服务和公共品。因此,户籍的价值其实表示的是地方政府拖欠农民的公共服务和公共品债务。从这个角度看,负责任的地方政府现在要做的事情是,尽最大努力尽快偿还这笔欠账,比如加大对乡村的财政投入,增加乡村的公共服务,完善乡村基础设施,让乡村居民享受到现代文明的种种便利,同时也通过矫正型措施,提高乡村居民的社会保障水平,使之在最短时间内与城镇居民相当。而土地换户籍、换社会保障的做法,却完全与此背道而驰。

①　《新京报》2010 年 9 月 1 日。

《经济参考报》则刊文给出了原则：第一，社保主要应由政府提供，若让农民用土地换社保不仅有悖于公平原则，而且后患无穷；第二，规模经营必推动土地流转，但土地流转未必需要卖断产权，两回事，不可混为一谈；第三，即使有农民要卖断产权，政府也得从严掌握。除非户口已迁进城市，有住房，有稳定收入，否则只要还保留农民身份，在城里居无定所且无相对稳定的职业，耕地产权就绝不可轻变。①

2010年8月30日央视《新闻1+1》播出《老"三农"的新问题》，专访了中央财经领导小组办公室副主任、中央农村工作领导小组办公室主任陈锡文。在专访中，针对一些地方政府推行的"土地换社保"，陈锡文表示："社会保障是应该政府给我提供的公共服务，在哪个国家、在哪个地方可以跟老百姓讲，你要获得我的公共服务，你就要拿你自己的财产来换，没有过这种事情。所以这是在制造新的不平衡。"

此前不久，中国（海南）改革发展研究院发布了一个"'十二五'农村改革专家问卷调查"，调查结果显示，53.1%的专家认为"土地换社保"不是长期制度安

① 《经济参考报》2009年12月15日。

排,只是一种过渡性办法;22.1%的专家认为此举违背城乡一体化的趋势,是城乡二元制度的表现;有19.5%的专家认为这是一种长期制度安排。也就是说,大多数专家对某些地方政府开展的轰轰烈烈的"土地换社保"运动是持谨慎态度甚至反对意见的。

总结媒体与专家们的观点以及农民们的反应,值得肯定的是,与以往的低价征地、变相征地以及无补偿征地相比,土地换社保的模式的确是一种进步,而一些地方政府以此自诩为惠民工程也似乎合情合理。但从这种模式的深层含义的角度来说,正如陈锡文所言,土地换社保的要害在于不公平,过去城乡二元保障体制已经造就了极大的不公平,极大地损害了农民的权益,如今矫正不公平又怎能用这种新的不公平的方式?

此外,社保与商保是不同的,社保是政策性保险,是国家保障劳动者基本生活权利的政策措施,具有公共服务的性质。从目前的情形看,世界上任何一个国家的社保都是采取社会统筹与个人缴费相结合的办法,政府始终是最大的出资者,这种定位也是符合政府代表公共利益的职能的定位。而土地社保模式却违背了这一社会基本原则,在本质上是一种交易行为。

归根到底,农民是否参保与是否放弃土地权益没有丝毫关系，将两者生拉硬扯地纠缠在一起不仅是对社会保障精神的背离，也是对农民土地权益的一种巧取豪夺。这种模式虽然促进了土地流转，但却再次置农民的发展于不顾。对于农民来说，土地是最为重要和最为基本的生产和生活资料，也是农民最重要的一种生活保障，一旦失去，生存问题就会随之而来。而用土地换来的社保一则保障水平较低，二则随着经济的发展，农转居人员如果没有在城市就业，至领取保障金之时，低微的保障金很难说能不能保障其生活。

而从现实的角度发出，比如，金融危机中，高达上千万的农民工失去工作，不得不从城市退回农村，试想一下，如果当初这上千万失去工作的农民工都是"土地换社保"交易的一方，那么，目前的他们岂非有成为新的"三无"人员之虞？对中国的农民来说，土地就代表着一种稳定感，这种稳定感既是收入上的，也是心理上的。在解决土地流转问题之时，以一种新的问题来代替一种旧的问题是不可取的，也是不成功的模式。

所以，总体上说，在土地换社保的问题上，地方政府不得不慎，既不能霸王硬上弓强迫农民上楼，也不能就此任土地流转自我发展。笔者认为，城市的发展必然需要农村人口的转化，而这种转化的通道尚未畅通，相关机制亦未健全,如何在土地流转与城市之间搭建一条合理的通道则是未来发展必须解决的一个根本问题。

四、问题与对策

总结本章的主要内容,核心问题仍然是土地流转与农民保障的问题。除此之外的问题,大可以看成是附属问题。只要理顺土地流转与农民保障间的关系,其他问题即可以迎刃而解。或者说,土地流转与农民的保障是一系列问题的纲,只要抓住这个纲,其他问题也就好解决了。

首先,我们分析一下这种问题的根源所在。众所周知,城乡二元结构是我国社会的主要结构特征。在新中国成立初期,我国工业发展水平极为低下,与此相对应的城市规模也相对较小,农业人口占绝大多数,这种国情决定了我国社会自然形成的城乡结构在短时间内难以改变。事实上,新中国成立以后的30年中,城乡二元结构对促进经济社会的稳定与发展具有积极的决定作用,因此,这种二元结构也具有历史性的功绩,并非一无是处。

大家都知道,与城乡二元结构相对应的是工业与农业两种不同的经济成分,以工业经济为特征的城市与以农业经济为特征的农村在经济社会运行模式上存在本质上的差异,这种差异也从根本上决定了从业人员以及所生活的城市与乡村在社会保障方式上的差别。

事实上,在改革开放以前,工业经济的发展相对缓慢,农业人口向城市居民转化的速度也十分缓慢,其主要原因并非完全出于政策层面或城市管理层面的控制,而是取决于城市工业经济的发展速度。改革开放以后,我国的工业经济得到了飞速发展,对人力资源的需求也同步增长,而农业经济的发展速度则相对滞后,随着联产承包责任制的实施,农村劳动力获得了又一次解放,可以脱离土地的富余劳动力数量惊人。由此,也催生出中国社会独有的农民工群体。大量农民工的存在,事实上也说明,在改革开放的早期,城市需要的只是劳动力,并无意于承担城市应负的责任而将劳动力从农村转化到城市。

笔者认为,这种情形从根本上来说是经济社会结构失衡的一种直观表现,也是城市对农村劳动力资源的一种掠夺,弄清这一点很重要,这一点不但是目前城乡差别的一个根本所在,也是一种畸形经济。其结果是城市经济得到快速发展,而农村人均收入与城市居民的人均收入差距却越来越大。笔者认为,这种情形在本质上也是一种社会不公,更是一种经济社会发展策略上的失误。

回到本节的主题,笔者认为,缘起城市工业经济与农业经济发展的不同步,由工业经济发展水平决定的城市居民的社会保障和由农业经济发展水平决定的农村居民的社会保障不仅在保障水平上有差别,在保障方式上也有所不同。由此,归根到底,是城乡二元结构造成的经济发展的不同步,导致了城乡社会保障方面的客观差别。

此外,从政策层面来说,国家在城乡公共建设方面以及对城乡社会保障的财政支持方面也存在差别。客观地说,长期以来,政府没有平等地将农村居民与城镇居民等同起来,并公平地为城乡社会提供公共服务以及公共产品,由此,导致城乡居民在公共福利以及文化生活方面的差别越来越大,而这一系列元素一经我国特有的户籍制度的捆绑并发酵,城乡户籍的差别与价值立刻显现出来,并成为城乡统筹与接轨的直接障碍。

　　而城镇户籍的社会优越性也由此成为可以"待价而沽"的"商品",并成为农业人口走进城市的一道门槛。没有城镇户籍,就意味着无法享有城镇居民享有的社会保障,也意味着在就学、就业、就医等一系列问题上承受一种外来人口的"冷遇"。尽管这些年来国家出台了有关进城务工人员的一系列政策,但总体上说,户籍仍然是一道绕不过去的坎。

　　由此,我们不难想象当"土地换社保"政策一经出笼,为什么会有许多农民如饮甘泉,而又有许多农民如临深渊了。究其根本,农民们对土地社保的不同态度归根到底完全取决于"保障"与"发展"两个方面。

　　从一个大的视角出发,提高经济社会城市化水平是一个大的前提与趋势,不走城市化道路,就无法全面提高整个社会的发展水平与运行效率。而城市化的一个直接结果就是大量农村居民走出土地来到城市,但这个过程并非农民进城这样简单,而是需要一系列的机制建设。

　　从机制建设的角度来看,土地流转环节是首要的前提,只有在土地流转过程中充分保护好农民的利益,这个环节才能进行。笔者认为,解决好这个问题必须要注重以下几个方面:首先,土地是农民的基本生产生活资料,也是生活的依赖与保障,一个农民如果失去土地就意味着失去了生活来源,因此,土地流转必须与城市化同步进行,让农民在失去土地的同时,获得相应的城市居民的社会保障以及与城市居民同等的发展机会,否则,难免会给农村带来新的"三无"人员,加大农村社会的潜在危机;其次,城市化必须与社会保障同步进行,否则,难免会为城市带来新的贫困人口,并增大城市的潜在危机;最后,在注重保障的同时,更要注重发展,必须在发展上下功夫,为城市新成员提供充分的就业机会,杜绝进城即失业的现象。反过来说,如果城市并不需要新的人力资本,那么,即无须过度城市化,在这一点上,必须旗帜鲜明地反对为城市化而城市化,并注重时机促进城市化的健康进行。

从另一个角度来说,积极地促进这种流动有助于经济社会的进化,亦有助于生产要素与人力资本的重新配置,也有利于提高整个社会的运行效率并提高社会生活水平。在这一点上,必须放弃既得利益思想,而要从经济社会的整体发展出发,做社会发展的促进派。

从以上的论述出发,土地换社保虽然有其积极意义,但总体上仍然带有一种功利主义色彩,既想获得廉价的土地,又想降低农业人口转化的成本,并且在保障水平以及促进转化人口的发展方面基本没有从农民的切身利益出发,而是量菜下饭,削减的是农民的利益与发展前途。因此,地方政府实施的土地换社保举措大多数情况下仍然是一种尚不成熟的机制,并且有规避政府对社会保障的责任之嫌。

对此,中国(海南)改革发展研究院院长迟福林在出席清华大学政治经济学研究中心成立仪式暨中国土地制度改革国际研讨会时发表演讲,指出:(在经济社会大背景中)土地仍作为农民生存的基本保障,不仅不利于工业化城镇化进程,也不利于农村土地资源优化配置。

首先,将土地而不是国家财政提供的普遍性基本公共服务作为农民生存发展的保障,强化了城乡二元制度结构。这些年,城乡二元的户籍制度迟迟难以打破,关键在于地方政府难以解决城乡基本公共服务的过大差距。

其次,将土地而不是国家财政提供的普遍性基本公共服务作为农民生存发展的保障,限制了农民的选择,农民不仅仅是一种职业,还是一种身份,农民并不能自由地选择在城镇还是在农村居住。

同时,还限制了土地作为生产要素流动的功能,降低了土地资源配置的效率,降低了农民的消费预期,不利于启动农村大市场。

迟福林分析说,为农民提供长期而有保障的基本公共服务,已成为新阶段农地流转的基本条件。如果基本公共服务供给短缺的问题不解决,农村土地的流转很有可能严重违背农民的意愿。也就是说,"土地换社保"不能作为一种制度安排。

总结土地流转与农民的保障等问题产生的这些缘由与现状,以及社会对土地社保的看法,针对目前土地流转与城市化过程的散乱与无序状态,一个总体的思路就是在城乡之间架起一座畅通的桥梁。这座桥梁的一端是城市居民身份与相关的社会保障,以及充分的就业机会与高于农业收入的职业,这是必须具备的前提;另一端是土地流转与农村劳动力资本。

而通过这座桥梁来到城市必须要有一定的秩序,不能一哄而上,这种秩序的建立也就是机制建设。所以,机制建设也是土地流转与城市化及农民的保障顺利实现的根本建设。不形成这样的机制,任何在城市化与土地流转中的优惠的政策都将成为对农民的"恩赐"而有失社会精神。

而这种机制建设的首要前提就是机构的建设,在前面的章节中我们曾提及过土地流转缺乏专业的交易机构与成熟的中介与咨询机构，而这里提及的机构建设的本意也是如此。此外，为了扩大土地流转范围，形成全国一盘棋的格局，必须借助于现代信息技术，并建立与此相适应的运营机制与机构。这种建设也是下一章将要提及的土地银行，简单地说，土地银行既是一种推动土地流转的金融机构，也是社会管理方面的一个创新，在土地银行的促进下，我国农村土地流转将形成全国大市场，土地资源将在全国范围内得到市场化的合理配置，而与此相关的一系列问题都有望在土地银行的运行中得到完善的解决。

第五章 土地银行

从经济发展的角度来说,金融资本对经济增长的驱动作用是显而易见的,改革开放以来中国经济的发展,金融资本功不可没。不过,对于以传统农业为主的农村经济来说,直至近年来"土地银行"的诞生,才有了值得一提的资本幼芽。而一直困扰经济社会的土地流转、城市化以及农民的保障等一系列问题也有望因"土地银行"的诞生而找到满意的解决途径。

一、什么是土地银行

所谓土地银行,指的是金融资本在业务方面的开拓与创新,将土地作为存贷的主要标的,经营与土地有关的长期信用业务的金融机构。具体地说就是农业资源经营专业合作组织采取银行运作模式,农民自愿将闲置或不愿耕种的土地承包经营权存入土地银行,收取存入"利息",土地银行再按现代农业的发展模式将土地划块后贷给愿意种植的农户,收取贷出"利息",种植农户则按照土地银行的要求进行种植,实现了土地的规模化、集体化、集约化经营,促进了农民集中居住后生产方式的转变。2009年起,土地银行正式在成都试行。

目前我国土地银行具体运作模式一般由政府出面组织,把某一区域农民的承包地使用权、农村集体建设用地使用权以及"拆院并院"之后的农民宅基地使用权分类整合,"零存整贷",以加快农地流转,推动农业产业化和规模化形成。按国际经验,土地银行在功能设计上,一般要兼具土地流转中介、金融机构、土地储备机构多重职能。作为土地流转中介机构,土地银行承担着有偿吸收农民的存地,并集中贷出的职能;作为金融机构,土地银行承担着与土地相关的金融业务,比如除了开展土地资源的存贷业务外,还承担土地抵押贷款业务等;作为土地储备机构,土地银行与传统银行的最大区别在于土地银行定位于政策性金融机构,具有代表政府执行政府的相关土地政策,通过征购、整理、储备供应、形成农村土地市场,并将土地转租给其他主体,最后在租赁期到时收回土地再次将其投入土地市场,以进行下一循环。不过,我国的土地银行刚刚起步,尚试点之中,各项功能的完备尚需时日。

而从目前试点中的情况看,土地银行一经运营,其功能与作用就立刻显现出来,其运作模式也被称为破解"三农"问题的必由之路。

客观地看,土地银行的诞生是一种历史的必然,也是金融资本开始进军农业经济的一种直观表现。从我国经济转型发展的策略来说,以投资拉动型发展模式已经不再是促进经济增长的主要手段,从工业经济中游离出来的金融资本也要寻找新的出路,而农业经济以及土地流转尚是一块未经金融资本大规模开垦的处女地。此外,在市场经济大环境中,"三农"问题的困局只能用市场化的手段解决,离开了市场经济运行规则,解决"三农"问题仍不免隔靴搔痒。而土地银行的一揽子方案不仅能够得到农民的欢迎,更会获得土地银行、农民、土地使用方三方共赢的理想结果。由此,土地流转、农民的保障以及城市化等一系列问题都出现了前所未有的转机与前景,同时,土地银行的创新模式也为破解"三农"问题的困局带来了新的希望与解决"三农"问题的切入点。

从全球的视角考察土地银行的创举,尽管在运作模式以及主要目的上存在差异,但土地银行这一机构早有存在,比如欧洲的一些发达国家中很早之前就采取了土地银行的模式来发展金融业务。比如德国的土地银行,全称为"土地抵押信用合作社",成立于1770年,是欧洲成立最早的土地银行之一。德国的土地抵押信用合作社并非私有,而是"政府的土地银行",它的设立,是因为当时"普鲁士王朝为了解除高利贷对农民的盘剥,而促使大量资金流入农村以振兴农业"而采取的措施,其具体运作程序为,愿意用自己的土地作抵押而获得长期贷款的农民或地主,联合起来组成合作社,将各自的土地交合作社作为抵押品,合作社以这些土地为保证发行土地债券,换取资金,供给社员。而法国的土地银行,全称为"法国土地信贷银行",成立于1852年,是半官方的金融机构,承担着实现法国政府住房政策和发放长期优惠贷款的业务。

早在20世纪30年代,当时的中国也有人提出了这个概念以及实施设想,而我国最早成立的土地银行则是台湾地区的土地银行,成立于 1946 年,属于官营银行。[①] 其主要职能为,调剂农业金融,配合政府推行国民住宅和都市平均地价政策,办理土地开发、都市改良、社区发展、道路建设、观光设施等一系列的金融业务,同时也办理一般银行的存款、储蓄、放款、汇兑等业务等。2010 年 12 月底,台湾土地银行上海分行正式成立,开启了两岸金融业务的交流之门。

比较而言,我国内地的土地银行起步较晚,至 2004 年之时,才初具雏形。从起源上来说,土地银行最早发源于农村基层的合作组织,缘于我国内地特殊的国情,土地银行属于创新型实验,可供借鉴的经验不多,所以,我国内地的土地银行也可以说是土生土长的"国货"。

2004 年 10 月,《扬子晚报》刊发了一则有关土地银行的报道,报道中描述了土地银行的最早雏形。大体内容为江苏省溧阳市有一个南渡镇,联盟村是这个镇的"镇中村",全村共有 2868 人,分为 14 个村民小组,该村的土地主要分布在宁杭公路两侧。自 20 世纪 80 年代起,随着"江苏省重点中心镇"的确立,南渡镇

---

① 陈太先等:《台湾土地问题研究》,广东地图出版社 1995 年版,第 257 页。

的经济建设特别是民营企业的快速发展,致使联盟村的土地陆续被征用。在探索和解决失地农民长远生活的问题上,该村逐步建立完善了一套失地农民补偿、分配、保障新办法,失地村民每年每人能获得1000多元的纯收入,被失地农民笑称有了"土地银行"。

那么,这个村的土地银行是如何建立起来的呢?按这篇报道的描述,这个村的土地银行形成机制共分四个步骤:

第一步:确定征地补偿金总额。用地单位确定征用地块时,村干部召集该地块所属的村民小组组长和涉及的村民,通过广泛征求意见和讨论,统一思想,明确由村民小组与用地单位签订征用合同,严格按国家规定标准确定土地补偿金的总额。

第二步:确定分期收益(资金占用补偿费)标准。用地单位将国家规定的五个方面费用(土地补偿费、青苗补偿费、附着物补偿费、安置补助费、保养金)中的青苗和附着物补偿费先一次性支付给失地村民,其他三项费用(综合为"土地补偿款")借留在用地单位作有偿使用,由镇村两级进行监管,用地单位与村里签订合同,规定用地单位每年必须支付村里一定的"资金占用补偿费",并进行公证。每年资金占用补偿费标准的测算依据国家规定的土地补偿金标准,剔除青苗和附着物补偿费后的土地补偿款总额(这是被用地单位暂用的部分),以及同期银行利率和种田收益共三个部分来确定基数,适当浮动。从几年来的运作情况看,平均补偿在 1000 元/亩/年。

第三步:及时重新调整土地。首先,对当年被征地后暂时失地又没有收到粮食的村民实行"粮贴"(每亩约补贴 600 元),然后,到秋收后以村民小组为单位,重新调整全组村民承包的土地,防止村民失地后失业,保证村民有地可种。

第四步:确定分配方案。由村委制定资金占用补偿费分配的基本原则,各村民小组根据实际情况,经过村民同意,灵活制定实施细则,年终按村民人头和田亩综合分配。年终时,各村民小组通过村民开会讨论,自行制订本小组的分配方案,同时将分配方案上墙公布,然后报村委同意,最后报镇政府批准实施。仅 2003年,村里共获得资金补偿费收益 128 万多元,村民每人每亩实得 1000 多元。[①]

客观地看,联盟村自发组建的"土地银行"还不是现

---

① 《值得关注的土地银行》,《扬子晚报》2004 年 10 月 21 日。

代意义上的金融机构,亦没有金融资本运作其间,但其模式却为现代土地银行的组建提供了创新性思想价值。因此,联盟村的土地流转模式亦是现代土地银行的雏形。

事实上,联盟村的土地流转模式从思想上讲,完全出自于农民们俭朴的互助精神,以及由人民公社时代沿袭下来的集体主义思想。如果当时的中国社会能够及时总结这种经验并加以推广,后来备受质疑的"土地换社保"模式也许就不会大行其道。

回到主题,与联盟村的土地银行模式不同,宁夏回族自治区石嘴山市平罗县创建的土地流转机制更为接近于现代土地银行的运营模式,东临黄河的平罗县是中国最早建立土地合作社的试点县,2005 年即成立了土地合作社,入社村民以承包下来的闲置或不愿耕种的土地使用权作为本金存进合作社,每年换取利息。大户或者企业从合作社贷出土地,在不改变土地权属的前提下可以集中使用土地从事农业生产。"比如村民以每亩 480 元的租金将土地存进合作社,合作社再以 500 元/亩的价格贷给大户",人们习惯上也称这种合作社为"土地银行"。①

---

① 《宁夏"土地银行"现状调查》,《财经时报》2007 年 11 月 9 日。

　　至此,现代土地银行在中国大地的诞生已成必然。客观地讲,联盟村的模式属于农民自助型模式,没有引进金融机构运行模式,而平罗县试行的模式则引进了金融机构的运行模式对土地进行"存贷",这种模式也方便于金融资本的介入,因此更接近于现代土地银行的运行机制,或者说,这就是现代土地银行的基本雏形。

　　2009 年 5 月,按国务院批复的《成都市统筹城乡综合配套改革试验总体方案》中提出的创新耕地保护机制,规范土地承包经营权流转、逐步缩小征地范围、开展农村集体建设用地使用权流转试验等项目,成都在以往的土地流转经验基础上开始正式实施"土地银行"试运营,并成为成都 2009 年着力探索试点的先行先试的内容之一。按成都的运营模式,"土地银行"具体运作模式是由政府出面组织,把某一区域农民的承包地使用权、农村集体建设用地使用权以及"拆院并院"之后的农民宅基地使用权分类整合,"零存整贷",加快农地流转,推动农业产业化和规模化形成。成都的试运营,标志土地银行在中国农村的正式诞生。

　　总体上说,以 2009 年成都正式试行土地银行为止,此前各地的土地流转模式各具特色,联盟村模式、平罗县模式以及浙江试行的土地换社保模式都代表着那个时代的土地流转现实,这个时期也相当于土地流转的春秋战国时期,而土地银行的诞生,有望结束这种土地流转的纷乱格局,形成全国统一的土地流转运营模式。

二、土地银行的作用与意义

历史地看,任何一项成功的社会改革都具有历史性的思想价值以及超越既往的思想创新。改革开放以来,在工业经济充分发展的前提下,我国农村"自耕农"(注:原意为农民自己占有土地和其他生产资料,依靠自己和家庭成员进行农业经营的个体农民。一般不剥削别人,或者对别人有轻微剥削,或者受别人轻微剥削。其生产通常带有较大程度的自给自足性质。在此指目前我国农村土地分散经营的状态)式的农业经济显然远远落后于时代了,而这种近于原始的农业经济体系以及落后的资源配置方式,急需资本的整合,以焕发新的生机与活力。土地银行就是这样一种金融资本,对于破解"三农"问题来说,土地银行的运行具有重要价值与意义。

　　首先,我们可以说土地银行是一种社会管理上的创新,这种创新也是经济社会运行机制方面的创新,当然,更是一种金融创新。这种创新对破解目前我国的土地流转以及农民的保障和城市化等一系列难题,具有重要价值与意义。具体来说表现在以下几个方面:

　　第一,从传统农业经济向现代农业经济迈进首先需要突破的就是制度的局限,长期以来,由于我国重点发展工业经济,对农业经济的投入相对较少,尽管实施了土地改革,施行了联产承包责任制,但我国农业经济现代化水平并不高,客观地说,农业经济事实上仍然处于"自耕农"的状态。从现代经济发展的主要特征来衡量,这种"自耕农"状态的一个主要缺点就是难以形成规模化,亦难以实现农业现代化。而按土地银行的运行机制,可以有效打破农村土地分散经营的格局,有望实现农业产业的规模化经营,提高土地效能,促进农业现代化进程。

　　第二,土地银行的机制创新,为金融资本整合农村土地构建了一条前所未有的渠道,既促进了土地流转,又实现了三方共赢。因而,这条渠道既符合市场经济原则,亦大受农民欢迎。而金融资本进军农村与农业亦会在一定程度上提高我国农业经济的发展速度与发展水平,并有效提高科技成果在农业生产中的转化与应用。此外,土地银行的运营机制,还可以成为巨额社保资金进入土地流转领域的基础媒介。按农村社保发展态势,未来农村人口的社保比例有望达到100%,由此产生的巨额社保资金亦需要一个安全稳妥的投资渠道,而进入土地流转领域既有较高的安全系数,又可谓"取之于民,用之于民"。

第三,土地银行也是存地农民的一个有力保障,从而对农村的稳定起到了积极作用。从农村社会保障的角度来说,尽管土地银行引进了金融资本,带上了资本运作的商业光环,并采取了市场化运作模式,但对存地农民的保障水平具有稳定性,且在一定程度上解放了劳动力,在促进劳动力资源流动的同时也促进了农民增收。

第四,土地银行有利于促进农村公共建设的发展。在土地银行的统筹安排下,农村土地的规模化经营有了较大的发展,有力地促进了与之相关的公共建设,比如农业水利设施的建设、机耕水平的提高、乡村公路建设以及文化医疗等公共建设都有较大的进步。

第五,土地银行的发展壮大有利于调控农村用地的使用方向,保护 18 亿亩耕地底线,保证粮食安全。
在前面的章节中,我们曾谈及我国建设用地的紧张形
势,以及每年耕地的减少数量。按目前的城市扩容速
度来说,保护耕地的任务十分艰巨。而土地银行的出
现,有望有效掌控土地流量,以及土地的使用方向,并
按国家的土地政策有效承担耕地保护重任。另一方
面,土地银行的存在,既可以鼓励农民将闲置或不愿耕
种的土地存入银行,又能够鼓励愿意多种地的农民把
土地从银行贷出去,既可以解决抛荒撂荒问题,又可以
促进土地的规模经营,形成确保国家粮食安全的长效
机制。

　　第六,土地银行的发展,有利于壮大农村经济体
量,并从思想上改变中国农民的思维模式。土地银行
的运作模式不同于传统含义上的土地兼并,其运行效
益是三方共赢的结果。此外,土地银行改变了千百年
来中国社会农业经济的发展模式,为农业经济注入了
资本动力。这种机制的运行,亦必将改变千百年来中
国农民的思想观念,并在传统的春种秋收式思维中注
入资本的概念,这种注入亦势必改变中国农民的思想
世界,并促使其从资本的角度来发展农业经济。此外,
土地银行的运营,也会促进中国农民资本观念的形成,

并改变千百年来传承下来的储蓄型社会习俗,促进农村社会从储蓄型社会向投资型社会以及消费型社会转变。

第七,土地银行所采用的市场化运营机制对促进农业经济与现代工业经济的运行模式接轨具有重要意义。总结我国农业的发展状况,不外乎春种秋收,分散经营,其生产经营的动力机制以及效益机制都难以显现,土地效能很难得到有效提高,与城市经济的工业化大生产存在运营机制方面的巨大差别。通过土地银行的整合,土地的规模化经营与公司化管理成为可能,这相当于在传统的农业经济中安装了现代工业经济的运行模式,传统农业由此脱胎换骨,在运营机制方面已经步入现代化的殿堂。所需要的只是足够的时间来整合与改造而已。

第八,土地银行的运营有利于提高农业生产效率,促进农业经济走进现代企业管理里程。土地银行对存贷土地的集中整合有利于提高生产效率,原本"食之无味,弃之可惜"的零散土地一经整合,其规模效益立刻显现出来。而土地的规模经营也有利于农业经济走上现代企业管理之路。

第九,建立农村土地银行有利于打破城乡二元体制的局限,化解城乡土地矛盾以及城乡户籍壁垒,促进人口流动与农业人口的转化。土地银行的运营可以有效改变农村土地经营状况,化解城乡二元结构的矛盾。农民可以离土不离乡,将承包的土地经营权转让给土地银行,进城务工、创业或定居。而土地经营权的转让还可以从土地银行获取贷款作为进城创业的启动资本,而土地银行则可以将这些土地租赁给有需求的农民或农业垦殖公司,从而提高土地效益,重新回乡的农民也可以从土地银行中提取土地进行耕作,维持基本的生活来源。这样,农民可以在很大程度上摆脱土地的束缚,有了更多的迁移空间与择业自由,而土地银行的存在则为农村居民的这种奋斗与发展提供了基础性保障。

第十,土地银行的建立有利于解决农村缺乏资本的状况,解决农业经济发展中所需的资金瓶颈问题。长期以来,金融资本一直青睐于工业经济,流向农业经济的资本则淡若浮云。按土地银行的运作模式,其业务已将农民的土地和信贷结合在一起,从而建立起农民与银行的新型关系。土地银行不仅可以办理土地存贷,也可以提供土地担保和抵押贷款,这样,既有利于农民获得发展资金,又有利于土地流转。此外,土地银行的业务中,还包含土地信托业务,亦可以在政府的支持下,发行土地债券来筹集社会闲散资金用于发展农业经济。由此而言,土地银行也是金融资本流向农业经济的桥梁与媒介,而这种发展态势对于缩小城乡收入差距具有重要价值与意义。

总的来说,归根到底,"穷"则思变,变才能通,所以,社会变革首先是思想方面的变革,只有思想观念的正确转变,才会产生积极的结果。从这个角度来看,土地银行不仅是一块巨石,在农村社会这片深海中激起了巨浪,也是向农村社会注入资本观念的一个重要媒介。而用长远的目光看,土地银行的运营对促进农业经济走上现代化道路具有不可估量的重要价值与意义,必将引发农村的重大变革。而这种变革的一个显而易见的结果则是唤醒农民的资本意识,有效提高农业经济的发展水平,促进农村居民城市化以及促进农业经济向现代化迈进。

三、土地银行与农村金融体系建设

对于我国来说,土地银行既是一种新生事物,也是农村金融改革的一种象征，而作为一种新兴金融机构，土地银行的运营也面临着自身的机制建设定位以及与金融同业之间关系的定位。这种定位既是目前我国金融体系建设与发展的要求，也是土地银行自身发展的内在需要。

从国际土地银行发展的经验来看，尽管国情有所不同，但仍有许多经验值得借鉴。按农业经济发展的不同时期以及成立土地银行时间的先后来排序，已经拥有土地银行并仍在运营的国家或地区为：德国、法国、日本、印度、菲律宾、美国等国家。

前面的章节中我们曾提及德国土地银行诞生的历史背景，在1770年德国土地银行成立之时，由于战乱导致的金融混乱让德国社会的高利贷活动猖獗一时，农业经济深受其害，为了改变这种现实，振兴农业，当时的普鲁士国王采取突破性改革，由政府出资强制组建土地抵押信用合作社，普通农民成为土地抵押信用合作社的主体，土地抵押贷款则有效地阻击了高利贷对农民的盘剥，成为农民可利用的主要长期信用工具。以此为基础，经过200多年的发展，目前的德国已形成了以土地抵押信用合作社与公营的土地银行互相配合的土地金融体系，对促进土地改革与农业的发展起到了非常重要的作用。

德国土地金融制度的最大特点就是将合作社成员抵押的土地债券化，并由合作社将这些债券在资本市场上换得资金来供给合作社的成员。所以，德国实施的土地抵押信用合作社即通常意义上的土地银行也具有现代股份制企业的意味，其募资的方式与渠道与上市公司大同小异。

法国的农地金融制度即土地银行形成的时间在1852年，晚于德国80多年，当时的法国农业发展较为落后，其主要原因则是驱动农业发展的金融资本严重短缺，为了改变这种状况，法国政府颁布了《土地银行法》，标志着法国土地银行的正式诞生。此后，法国政府于1899年又通过法令建立了农业信贷地区银行，作为基层地方银行的联合组织，协调地方银行的业务活动，分配法兰西银行提供的贷款，以提高这些机构融通长期资金的能力。1920年，又依据法令成立了专门管理地方银行和地区银行的国家农业信贷管理局（1926年改建国家农业信贷银行），将合作性质的地区农业信贷互助银行、地方农业信贷互助银行分别作为其省级机关和基层信贷组织，形成了全国性的农村信贷体系。法国的信用合作存款保险是国家强制的、由合作金融自行组织的机制。经过土地银行的推动作用,法国也成为欧洲农业最为发达的国家。①

日本的土地金融体系萌芽于 19 世纪末,当时的日本已经创建了以主营农业信贷为主要业务的劝业银行、农工银行与北海道拓殖银行。劝业银行主要为大型农业工程如水利与大型垦殖等提供长期的巨额贷款;农工银行主要对地方性的小规模建设工程及生产资料等农业生产所需提供资金。1953 年起,由日本政府筹措资金成立了农林渔牧业金融公库,向农、林、渔业的永久性建设工程提供长期低息贷款。此外,日本还借鉴德国的经验与做法,创建了系统性金融合作机构,这些机构可以为参加合作的会员提供信用担保或贷款,政府则给予了诸多支持与优惠政策。

从农村金融体系建设特点上来说,日本农村合作金融组织是依附于农业协同组合体系的一个金融组织,也是农协的一个子系统,同时又是具有独立融资功能的金融部门。在日本农村信用合作体系中,农户入股参加农协,农协入股参加"信农联","信农联"又入股组成农林中央金库,三级组织均独立核算、自主经

---

① 李文双、冯平涛:《国外农村合作金融发展的外生性特征及借鉴》,《金融理论与实践》2005 年第 8 期。

营，各级之间不存在领导与被领导的关系，但上级组织对下级组织提供金融服务。①

日本的信用合作存款保险与法国一样也是国家强制的，保险机构是官民合营的。比如由政府、农林中央金库、日本银行、信用联社和渔业信用联社联合组成农水产业设保险机构，业务仅限于收取保费和支付保金。而这一系列措施为促进与发展日本的农业经济起到了决定性重要作用。②

比较而言，农业最为发达的美国其土地银行成立的时间则比德、法、日晚，20世纪初期，美国的农业已发到一个关口，主要原因是西部大开发中西部肥沃的土地吸引大批开发者，但资金的支持则相对滞后，严重影响了西部农业的发展速度，在此背景中，1916年美国国会通过《联邦农地押款法》，设立了联邦农业贷款局，办理全国农地抵押贷款。为了放款便利，把全国划分为12个农业信用区，每一区内设一个联邦土地银行，并在各乡村推动农民组织农地抵押合作社。在此推动下，西部农业得到了快速发展，大量质优价廉的农

---

① 马忠富：《中国农村合作金融发展研究》，中国金融出版社2001年版。

② 李文双、冯平涛：《国外农村合作金融发展的外生性特征及借鉴》，《金融理论与实践》2005年第8期。

产品充斥市场,对东部相对贫瘠的土地及农产品形成了严重的冲击,加上世界大战已结束,参战国对美国的农产品需求减少,最终在 1920 年前后形成了一场农业危机,这场危机的主要特点是大量农产品积压,社会需求则大幅度缩小。这场危机最终持续到美国金融危机的爆发,大萧条时期的到来。

在经济危机的混乱局面中,美国总统罗斯福大刀阔斧地实施了新政。新政与土地银行相关的内容主要有:对财政金融进行了整顿与改革,调节与限制农业生产,有计划地缩减农业生产规模,销毁"过剩"农产品,以提高农产品的价格,克服农业生产危机。

按新政的改革措施,美国联邦政府成立了农业信用管理局,设立了土地银行部,统管全国 12 个联邦土地银行,联邦土地银行又与各地农民所组织的联邦土地银行合作社相联系。采取自上而下的政策,先由政府拨款充当联邦土地银行的股金,发行土地债券,同时辅助农民分区组织联邦土地银行合作社。农地金融组织形式采取银行和合作社双重体制。土地银行上层采用银行体制,设立联邦土地银行,基层采用合作社体制,按合作社原则组织信贷合作社。以联邦土地银行为主体的美国农地金融体系是政府农业信贷体系的主要组成部分,有效解决了农村长期资金来源问题,并有效调控了农业规模,为后来的农业大发展打下了良好的基础。

在发展中国家和地区中,印度与菲律宾的土地银行成立时间较早,印度的土地开发银行成立于1920年,菲律宾的土地银行成立于1966年,其主要职能都是为了解决农业资金的来源、扶持农业而创建的政策性农地金融机构。可以为农业项目或农户提供长期信用贷款。此外,越南与泰国也建立有类似的以农业或土地为标的的金融机构,并都对农业的发展起到积极的作用。此外,我国台湾也于1946年成立了官办土地银行,并为台湾的农业发展作出了较大的贡献。

总结这些土地银行的成功经验,除德国以外,一个共同的特点就是:首先要由政府资金扶持,上规模以后,政府资金逐步撤出,有政策性银行介入,然后再引进强制性保险机制。而德国的土地银行是比较成熟的金融体系,主要特点是自下而上逐级入股,却自上而下逐组服务的合作银行体系。组织体系较为完整,层次分明,管理与决策也较为科学与民主,其信用合作存款的保险机构也由行业自行组织,采取自愿投保,国家不予强制的措施。

在土地金融系统结构上,有研究者将全球农业最为发达的美国的土地金融体系或模式简单地归结为"4+1"需求功能型模式。即由商业银行、农村信用合作系统、政府农贷机构、政策性农村金融和保险机构构成土地金融的基本体系。主要特点是从农业发展的需要出发,在政府的正向激励中,为农业发展提供配套资金并为农作物实施多层次的保险;研究者们还将欧洲农业最为发达的法国的土地金融体系简单归结为"4+1"国家控制型法国模式。即以法国农业信贷银行、互助信贷银行、大众银行和法国土地信贷银行等主要农业信贷机构以及法国的农业保险机构共同构成了法国土地金融的基本体系。这些机构都是在政府的主导下建立并运行的,同时受到政府的管理和控制。因此,它属于典型的国家控制型金融模式;日本的土地金融体系与美国与法国的土地金融体系有所不同,采用与设计的是以合作金融为依托的"2+1"型合作式日本模式。即以农林渔牧业金融公库、农村合作金融组织"信农联"以及保险机构组成的基本体系。①

从以上的分析与论述中,我们可以看出,各国的土

---

① 李文双、冯平涛:《国外农村合作金融发展的外生性特征及借鉴》,《金融理论与实践》2005 年第 8 期。

地金融体系都是从各自的国情出发而设计的，不论是美国模式还是法国模式抑或是日本模式，其基本功能都是支农与助农。特别是在具体的贷款政策上带有强烈的扶贫色彩，比如美国的商品信贷公司为支持农产品价格提供无追索权的贷款和补贴补偿、日本的农协系统不以营利为目的、贷款不要担保等都充分体现出扶贫色彩。

而从我国的农村金融现状来说，尽管与上述国家的情况有所不同，但在土地银行的机制建设方面，美法德日以及印度的成功经验都具有很好的参考价值。从现实的农村金融体系状况而言，目前农村的金融机构较为单一，主要由农村信用社一统天下，农村的金融活动极为有限。改革开放以后至 2006 年之前，我国农村金融建设一直处于停止状态，随着农村经济的发展，村镇阶层对金融服务的需求越来越迫切，为有效解决农村地区银行业金融机构网点覆盖率低、金融供给不足、竞争不充分等问题，构建符合社会主义新农村建设需求的农村金融体系，在 2006 年之时，中国银监会发布了《调整放宽农村地区银行业金融机构准入意见》，金融资本开始进军乡村，中国村镇银行由此诞生。

不过，从目前来看，村镇银行尽管对农村金融建设来说具有开创性，但在业务上也存在竞争，并且，缘于业务范围的局限，土地存贷业务不在其中，并且整体的发展状况仍处于成长阶段。所以，从土地银行的机制建设上来说，首先是业务上的独立性，由此，在运行机制以及机构建设上也必然要具备独立性。

从我国探索土地银行的运行尝试过程上看，早期的运营机构主要以"信托中心"或"合作社"的形式存在。比如山东诸城建立的"土地信托中心"、宁夏罗平建立的"土地信用合作社"以及浙江绍兴南岸村建立的"土地股份合作社"等，其业务大同小异，主要是农民将土地存给信托中心或合作社及股份合作社，再由这些中介组织贷给生产经营公司或生产经营户，并从中收取转让费或股份分红。严格地说，这种模式尚不属于严格意义上的土地银行，只属于农民的自组织机构，或者说只是土地银行的原始雏形。而2009年以后，自成都市正式运营土地银行之后，政府已介入了土地银行的运营，至此，我国的土地银行才开始崭露头角。

目前而言，试行中的土地银行主要业务为政府相关部门主导下的"土地存贷"，功能较为单一，规模也较小，业务主要集中在零散土地的"零存整取"。对农村土地的战略性整合尚难以展开,主要原因为,许多农民尽管手中的土地收入较低,但却缺乏放弃土地进城务工的勇气与门路,或对打工收入没信心,或因家庭等因素仍然守望田园。此外,最重要的一个原因是无法以土地抵押获得创业资本。

有研究人员认为,土地银行的发展要从"土地存贷"为核心改为"以土地抵押贷款"为业务核心,以农村信用社为农地抵押贷款的试点业务载体;功能定位于"政策性金融机构";组织机构应是农发行+农村土地信用社,即"1+1"模式。① 即便这个设想得以实现,但对比美、德、法、日在土地银行运行机制方面的建设,我国土地银行尚缺乏国际通行的保险机制建设,而组织机构方面也有嫁接之嫌,真正意义上功能完善、相对独立的土地银行仍然处于萌芽状态。

从以上叙述中可以看出,目前我国土地银行尽管已经定位于"政策性金融机构",但实际进试点的是农村土地信用社,合作对象为农村基层各类土地合作组织,真正意义上的独立操作的土地银行尚未脱胎。而农村金融机构目前仍仅有农村信用社以及为数不多的

---

① 陈少强、孙艳丽:《农村土地银行的比较与借鉴》,《中国发展观察》2010 年 4 月 14 日。

村镇银行,金融业在农村经济中的发展空间仍然有待开发与推进,农村金融业对农村经济的推动作用仍有一定的局限性。

四、完善土地金融机制的几点设想

从上一节的叙述中,我们可以了解到,我国土地银行目前仍处于试运营阶段,相关机制建设以及业务体系尚未完全形成。而从我国农村土地流转的需求来说,仍处于增长阶段。这一点从宏观角度即可以得出结论,从宏观上来说,我国目前实施的新型工业化道路,以及由此带来的城市化浪潮,必将促进大量农村居民转化为城镇居民。而与这一阶层流动相伴而生的,是农村土地的大量流转,按我国相关部门的预测,未来20年中,中国农村居民将有3亿人口转化为城镇居民。这是一个庞大的数字,而与此相关的农村土地流转需求亦必然会形成一种农村社会的普遍现象。

而从国际上看,即便是农业较为发达的大国,土地流转也是常见的现象,换个角度来说,许多农业发达国家的土地银行之所以存在,当然是因为仍有大量土地流转方面的业务存在。以此来推测,我国农村土地流转也将是农村社会一个长期存在的现象,在这一点上不能短视,进一步来说,这种需要的存在也客观上决定了我国下大力气建构农村土地金融机构的必要性。

从以上种种因素出发,理想中的我国土地银行或者农村金融机构应该是一个什么样子呢?或者说,目前的土地银行应该向哪个方向发展,以及应该具备什么样的功能以及具备什么样的机制建设呢?

首先,让我们从农村土地流转的实际需要出发,借鉴国外土地银行的运营机制,探讨一下我国土地银行应有的运营机制与业务范畴。上一节中我们描述了我国土地银行的目前状况以及现有的运营体系与机制建设,叙述了其目前的"政策性金融机构"定位,也描述了目前的"1+1"结构与模式。

所谓"政策性金融机构"目前在学术上尚没有准确的能够普遍认同的界定,西方学者一般从政策金融的目标或运作方式来对其进行界定。日本学者将其定义为:为了实现产业政策等特定的政策目标而采取的金融手段,也即为了培养特定的战略性的产业,在利率、贷款期限、担保条件等方面予以优惠,并有选择地提供资金。我国的政策性金融机构是指在国家支持下,以国家信用为基础,严格按照国家法规限定的业务范围、经营对象,运用各种政策性而非商业化的融资手段,直接或间接地为贯彻、配合国家特定的经济和社会发展政策,而进行的一种特殊性金融活动,是一切规范意义上的政策性贷款,一切带有特定政策性意向的存款、投资、担保、贴现、信用保险、存款保险、利息补贴等一系列特殊性资金融通行为的总称。

简单地理解,政策性银行就是指由政府创立、参股或保证、不以营利为目的、旨在为贯彻、配合政府社会经济政策或意图,在特定的业务领域内,直接或间接地从事政策性融资活动,充当政府发展经济、促进社会进步、进行宏观经济管理工具的金融机构。目前我国银监会将中国农业发展银行、中国进出口银行列入政策性银行,在统计上,也将国家开发银行与政策性银行并列统计。

由此,我们可以看出将土地银行定位于"政策性金融机构"的深层内涵,这种定位,不但让土地银行具有政策性宏观金融管理工具的特质,在运营中也不以营利为目的。那么,土地银行的运营目的或结果只能是扶助农村经济、致富农村居民、促进土地流转、保证粮食安全等一系列功能与任务。

而从目前农村土地流转中对金融的需求来说，抛开土地存贷，主要存在两大主要方面：第一个方面就是土地抵押贷款；第二个方面就是土地大户贷了土地之后往往需要大量资金置备生产资料与生产机械以及雇用劳动力等，却难以从商业银行获得资金支持，而政府的支持力度也有限，这些客观情况都需要通过土地银行来得到解决。从这一点来衡量，从"存贷核心"转变为"抵押贷款核心"完全有必要，且有巨大的发展空间。从这一点出发，土地银行在未来的发展中，既需要规模，也需要数量，更需要服务的质量。

此外，从目前土地银行运营中的"1+1"模式来说，在机制建设上也存在弊端。这种弊端主要表现在职能与业务方面存在差别，发展方向与目的不完全一致之上。

农业发展银行尽管也是政策性金融机构，具有与土地银行相同的性质，并且成立较早，组织管理与业务方面也形成了一套完整的专业体系，但农业发展银行主要从事粮棉油贷款，以及部分基础设施投资，业务方面不对个人，且网点较少，而土地银行的业务则主要为土地流转中的土地存贷与土地抵押贷款，并具有融资功能。因此，将农村土地银行挂靠在农业发展银行的做法似乎并不妥当。现实中,最理想的选择就是成立独立的土地银行总行,并在各省建立分行,县设支行,乡镇、村设土地信用合作社。但投入的成本太高,操作难度大,短时间内难以完成这种系统性机构建设。

而目前以农村信用社为农地抵押贷款的试点业务载体亦非长久发展之道,主要缘于农村信用社属于商业银行,与土地银行的性质与目的并不相同,在业务上存在差别。让农村信用社同时承担政策性和经营性两类业务,容易造成定位模糊、职能不清,也不便于金融监管。从长期发展的角度来说,这种嫁接式的机制并不适合土地银行的长期发展。因此,农村土地银行的土地抵押贷款业务应从农村信用社中分离出来,这种分离的一个前提就是要有独立的土地金融机构。

从农村的现实情况看,目前农村试点的土地银行即各类土地信用合作社是最基层的组织,具有熟悉情况了解农村土地流转需求的优势,可以代理为农民办理土地流转登记、抵押贷款登记、贷款申请和担保等业务,只要与名正言顺的金融机构一对接即可完成土地银行体系的框架结构。而从长远的角度看,与农村各类土地合作信用社对接的金融机构则必须具备两项基本条件,一是政策性金融机构,二是业务独立,机制健全。由此而言,成立独立的由国家投资兴建的土地银行亦是一种未来发展中必须具备的机构建设。

此外,按国际通行规则,保险机制也是土地银行的一个重要组成部分,而目前来说,我国试行的土地银行尚未建全这项机制,风险控制完全寄希望于制度建设之上,这在某种程度上来说,一方面加大了土地金融机构的风险,一方面也加大了国家财政风险。从此出发,我们不得不考虑一个现实的重要问题,那就是完全意义上的独立的政策性金融机构——土地银行,在国家财政支持下,完全有可能演变成新的官僚机构——忽视效益、靠财政吃饭、官相十足、效能低下,设若如此,不仅会给财政投入造成损失,也有可能将土地银行这一新生儿扼杀在摇篮之中。

那么,我们究竟应该如何分析与解决这些问题呢?

笔者认为,首先,土地银行是我国社会探索破解"三农"困局的一个成果,但这项成果也是阶段性成果,并有其局限性,这一点,从机制建设上的尴尬即可见一斑。归根到底,我们探索的不是土地银行如何建立,而是在探讨如何稳妥地解决农村土地流转及其一系列相关问题。

简单地说,土地银行的机制问题也是金融资本如何介入以及以何种形式介入农村土地流转的问题。多年以来,传统观念一直影响着人们从行政角度来解决问题,而缺乏从市场的角度解决问题的经验与勇气,究其原因,主要应归结于管理上的短视与缺乏系统性思维。而从另一个角度来说,一些既得利益者仍然不愿放弃农村土地所有权以及承包经营权转让这块大蛋糕,而宁愿从行政角度来思考破解之道。

　　客观地看,农村土地流转是农村经济中最后的蛋糕,既要有利于国家耕地政策的实施又要有利于农民增产增收,是如何分好这块蛋糕的核心也是根本。从这一点出发,土地银行在运营机制上的简单的土地存贷以及土地抵押贷款是不够的,重要的是如何降低存贷双方的风险、组织或建设农村自生性的土地流转组织与机制。

　　笔者认为,农村土地流转是金融资本介入农业经济的良好契机,如何抓住这个契机,做好这块蛋糕则是问题的着眼点。目前而言,土地银行的"政策性金融机构"的定位在客观上将民间资本排除在外了,这种情形事实上是有违市场经济原则的,也不利于民间资本向农业进军。退一万步来说,国家要的是耕地与粮食安全与农业经济的发展以及农业人口生活水平的提高,并不需要以国家资本来垄断土地流转市场。但从目前的农村土地流转状况看,流转机制尚未健全,完全个体化的流转现实则让资本无法大规模介入。在这种情形下,国家资本的作用在于建设好一个金融资本进军农村土地流转的引导性的金融平台,而非完全的投资。

基于以上理由,笔者认为,国家应从政策上积极扶持并促进农村土地合作组织发展与壮大,并加以改造,而这种改造的方向就是与现代经济体制接轨即进行股份制改造,并适时推进农村基层的土地合作组织上市。这样,在机制建设上,可以利用现有的上市公司组建与上市标准或另行制定相关的上市标准,或者在条件成熟时,亦完全可以考虑开四板市场。

按笔者的简单设想,农村土地金融机构的建设应该是这样的:在县一级设立农村土地经营总公司,在农村的村或镇一级设立土地经营股份分公司,将村或镇所属的土地(含"四荒一疏")细划为股份,并进行股权确认,股权确认的基本原则为村或镇所属的土地(含"四荒一疏")除已划分的耕地外,所有的土地收入归全体农村居民所有,并按土地股权进行分配,并采用账目公开民主监督的办法。此外,所设立的土地经营股份公司还应与各类土地合作社建立隶属关系,并协助办理土地存贷的认证与出具手续或协议的职能,并在土地流转中向贷方收取一定比例的效益分红作为土地集体所有制产权的一种偿付。这样,农村土地的集体所有制产权才能得到完全的体现,土地流转的整体机制才能理顺。而土地经营股份公司才能不断发展壮大,最终成为上市公司的主体,而在未上市前,也可以发行土地债券或进行股份流转来募资,这样,专业的政策性土地金融机构设立的必要性就大为减弱。

简单地说,采用这样的模式有几大好处:一是农村土地的集体所有制产权可以通过股份得以体现。在现行的土地流转机制中,农村土地的集体所有制产权是无从体现的,一个农民,将其承包经营的土地流转出去,会得到一笔转让费,而农村集体土地所有权的主要代表村或镇一级政府或相关机构无法分享这种收入,也就是说,农村土地的集体所有制产权在无形中丧失了,而通过股份制则可以有效保护集体所有制产权。从另一角度来说政府部门对所属的农村居民的土地流转不闻不问,也是某种权力的流失;二是农村土地的公司化经营有利于快速发展壮大,促进农业经济的快速发展,也方便于引进现代经济管理机制,并方便与各类资本发生土地经营关系;三是地方政府作为农村集体土地所有权的代表,能够从经济方面更加紧密地与群众联系在一起,真正成为带领群众致富的政府;四是地方政府的引导与介入有利于保护耕地,并规避土地银行机制带来的财政风险,也有利于适时监管土地的流向与用途及时纠正;五是农村土地的公司化经营,有利于唤醒农民的资本意识,唤醒农村巨额沉睡的资本,从而促进农村消费升级,而农村土地的公司化经营,也有利于农村居民与现代管理经济的管理机制亲密接触,由此促进农村居民向现代农民转变。

综上所述,土地银行的诞生是一个巨大的进步,而这种进步亦是一种阶段性成果,对于从根本上解决"三农"问题来说,采取农村土地公司化经营的模式,也许更有利于现实中的土地流转以及促进农业经济的快速发展。此外,农村土地的公司化经营也有利于培养现代农民以及促进乡村的城镇化。更进一步来说,采取农村土地公司化经营的模式,事实上也将农民定位于一个新的高度——资本农民!

第六章　资本农民

　　长期以来,金融资本一直青睐于工业经济,对农业经济鲜有多顾,加上农村土地的分散经营不上规模,除大型农场外,金融资本以及社会闲散资本亦难以介入。随着经济社会的转型发展,资本驱动型经济增长方式也随之改变,金融资本必然要开拓新的投资渠道,而在土地流转、城市化大背景中,农业经济必将成为新的投资沃土,而土地流转也必将成为金融资本进军农业的切入点。

一、土地流转的终极目标

　　在以上的章节中,我们从我国农村土地现状出发,详细探讨了土地流转与城市化以及农民的保障与土地金融机构的建设等一系列问题，总体上说，这些问题的一个根本核心就是如何在发展农业经济以及推动农村人口转化过程中兼顾农民的权益与利益，促进经济社会协调发展。在土地银行已正式试水的背景下，笔者在上一节中大胆地提出了农村股份制改造的设想，而这个设想的一个基本出发点就是如何秉承公开、公平、公正的三公原则来做大并分享农村土地流转这块大蛋糕。笔者认为，只有从三公原则出发，各方面利益达到均衡状态，经济的发展才有最大意义与最大价值。说到底，公平地兼顾各方利益的机制建设比经济增长数字重要得多。用一句大家耳熟能详的话来说就是"发展才是硬道理"、"一切发展都是为了人民"，而只有站在这个角度才能正确处理土地流转中改革与发展的关系。

以农村土地流转为视角，从农业经济发展的远景来看，农业现代化是一个大的前提与趋势，也是必然要实现的一个目标。从国内外农业发展的先进经验来看，农业现代化至少包括以下内容：首先是科学技术在农业生产领域得到充分的应用，并形成一套建立在现代自然科学基础上的农业科学技术和推广应用体系。

有效提高育种、栽培、饲养、土壤改良、植保畜保等农业科学技术应用水平;在管理上,以信息技术的应用为基础,建立起与现代农业相适应的政府宏观调控机制,如建立完善的农业保护体系,法律法规体系和政策体系等。此外,以信息技术的应用为基础,建立起农作物保护预警机制,比如自然灾害的预警,以及农作物生长状态与产量的科学预测等;在生产过程中,机械化成为普遍的生产方式,劳动效率得到有效提高,高科技在农业生产中的应用成为普遍现象,比如电子、原子能、激光、遥感技术及人造卫星技术等都可以成为农业生产的有效工具;在产业发展上,规模化、专业化、区域化得到实现,高度商品化的农业生产代替了自给自足的"小农经济"生产,农产业实现了产供销以及生产资料的生产与供应紧密的结合,或称之为农工商一体化成为农业经济的主要形式,生产效率、土地产出率以及农产品商品化率得到大幅提升,农业经济成为有较高经济效益与市场竞争力的产业;在综合效益上,所采用的生态农业、有机农业、绿色农业等生产技术和生产模式实现了淡水与土地等农业资源的可持续发展,并实现区域生态的良性循环;在劳动者素质上,现代化农业的从业农民成为具有较高科学素养与技术专长以及具有较强的效益观念的农业经济经营与管理人才或农业技术工人。

简单地说,农业现代化的要求就是高科技的充分应用、较高的社会合作程度、产业系统化与规模化、注重生态平衡以及科学管理与高素质的从业农民。抛开农业现代化的政策机制建设,只就农业现代化的过程来说,在不断向农业现代化迈进的过程中必然伴随着农村土地的流转与集中,以及从业农民素质的不断上升。

具体分析这种情形的正负效应,其一,农村土地的不断流转与集中会让许多农民失去土地,如果不能成为农业发展成就以及利益的分享者,又不能顺利城镇化,获得城镇居民的社会保障与就业机会,那么,只能沦为困窘的失地农民,经济与生活将面临严峻的考验。若不做土地流转,在现代农业的冲击下,个体土地承包经营者无法与规模化经营的农业公司相竞争,土地效益又会降低,从而面临两难的窘境。

其二,农业现代化过程中,随着对从业人员经营能力、科学素质及专业技能需求的不断提高,也必然会促进农民素质的不断提高。具体来说,一个高素质的合格的现代农业经理人,所必备的素质之一即是要有与现代农业相适应的经营管理能力以及驾驭资本的能力与水平。在这一点上,我们应充分理解的是,现代农业在经营模式上也是一种资本驱动型发展模式,所以,高级经营人员,或决策阶层的主管人员,必须具备高素质的资本运营能力。此外,农业现代化最终只能由农民来完成,所以,现代农业的从业者也必然由农民来充当。所以,我们也可以简洁地为现代农业的经理人做一个前瞻性的定位,即资本农民。资本农民不是简单的"资本+农民",而是体现着现代农村、农业与农民的一种深刻变化。

其三,农业现代化的终极目标不仅仅是农业的现代化,其过程也是对经济结构与人口结构的调整过程。从现代业的发展出发,有限的耕地、大量的农业人口不利于农业现代化的发展,农业现代化所需要的规模经营与高效生产必然会将许多农民从土地上转化出去。而农业人口的出路一则成为现代农业公司的从业人员,继续分享农业现代化的成果;二则城市化成为城镇居民并进入城市工商业。除此而外,没有第三种选择,因为从经济社会的稳定发展出发,政策层面不会允许农村存在大量"三无"人员。而从发达国家农业人口占人口总数的比例来看,比如美国农业人口占比为

2.4%,加拿大为 2.8%,法国为 3.2%,英国为 1.9%,德国为 2.8%,日本为 3% 左右,而我国完全从事农业劳动的人口尽管近年来下降幅度较大,但目前仍有 40% 左右农业人口。这组数字也告诉我们,我国农业人口转化的道路还很长,而与此相伴的土地流转机制问题目前仍在探索之中。

其四,从农业现代化过程以及相伴而生的土地流转以及农业人口转化问题来说,金融资本进军农业是关键中的关键。首先,低效的土地效益让商业性金融机构对土地抵押贷款止步不前,不利于土地流转。一方面个体土地承包人无法以土地抵押获得资金并脱离土地进行创业,一方面贷得土地的大户亦无法获得生产性贷款,而不得不对贷取土地持慎重态度并缩小贷取土地的规模。其次,没有上规模的金融资本的投入,就无法获得规模土地,并取得规模效益。这种情形让农村土地流转仍上不了规模,亦无法提高土地效益并形成产业链的局面。最后,没有金融资本的介入,没有规模效益,土地流转就无法摆脱转让金的低水平状况,从而阻滞了土地流转的脚步。这些问题也是目前农村土地流转中普遍存在的问题,也是有待于市场化解决的问题。

其五,农业现代化也是资本驱动型现代化,需要的是市场化运作模式,因而需要的也是分门别类的资本,不可能局限于国家对农业的财政支持与投入。而促使各类资本进军农业的市场化手段不可能抛开现代企业的管理机制,因此,农村土地的股份制改造仍是一条可行的途径,而这种改造也必然是农业现代化的前奏。

综上所述,笔者认为,总体上说,土地流转的终极目标:一是实现农业规模化经营与实现农业现代化,而如果没有金融资本的介入,这个过程难免会漫长而难以实现。如果放开土地市场促进资本进入,那么所要解决的主要问题则是制定好土地流转的机制,搭好金融资本进军农业的平台,并妥善处理农业人口的转化与再就业;二是在农业现代化过程中逐步引导各类资本进军农业,实现资本与资源的合理配置,促进资本向"三农"领域流转,促进经济结构的调整;三是农业现代化过程也是提高经济社会的运行效率,缩小城乡居民收入差别,促进城乡统筹发展。而实现这些目标的重要手段除了建设好科学合理的农村土地金融运营机制外别无他途,而农村土地金融的发展,亦必然会促使土地资本化,并催生出新农村中的新型农民即资本农民。

二、资市农民

土地流转的终极目标及其过程与市场化商品经营有本质上的不同,其市场化运行状态并非市场经济行为,首先我们要强调的是土地的属性,在我国宪法框架内,土地不是商品,不允许买卖,这是经宪法明确的一个基础性问题。中华人民共和国现行宪法第十条明确规定:任何组织或者个人不得侵占、买卖或者以其他形式非法转让土地。土地的使用权可以依照法律的规定转让。

所以,土地不是商品,与市场化商品买卖有本质上的区别。而土地流转虽然也倡导土地资源的市场化配置,并伴随有经济上的给付,但却不是一般意义上的经济行为,而是一种权益方面的补偿行为,但这种行为也可以从经济的角度来衡量,而这种权益方面的流动也可以用市场化的手段来进行经营。从这个角度来说,土地是一种特殊的资本,或者可以称为土地权益资本或简称为土地资本。

事实上,土地资本这个概念在马克思的土地经济

学理论中早有论述,其对土地资本的描述为:土地资本
是为改良土地而投入土地并附着在土地上的资本,属
于固定资本的范畴。土地资本作为产业资本,运动和
增殖是它的本性。土地资本在社会生产关系体系中,
代表的是土地经营者的利益。

在《资本论》中,马克思又把土地区分为"土地物
质"和"土地资本"两个性质不同而又密切联系的范
畴。马克思讲的"土地资本"是从价值形式而言的,其
实物形态则表现为"土地固定资产"。为了区分两者
的不同,我们可以将土地固定资产定义为对土地物质
本身进行开发、改良所形成的使用价值,如土地平整、
培肥地力、建造水井、水渠、排水沟、道路等,即狭义的
土地固定资产(不包括建造在土地之上的房屋、建筑
物等)。而广义的土地资本,是指当土地被投入流通,
在运动状态中能实现增值,给所有者带来预期收益的
时候,就变成了土地资本。

从以上对土地资本的定义与描述,我们可以将目
前农村的土地流转,即流通中的土地看成是土地资本,
而土地资本的所有者则是农民。由此而言,当代农民
的一个最基本的特征就是拥有了土地资本的农民。而
土地一经资本化,农村经济的运营特点也会产生一个

根本性的转变。这种转变也可以说是中国农村的又一次解放,或者说也预示着农村生产力水平的跃升。

事实上,改革开放以来,农村土地由分散经营到流转与集中也代表着现代农业发展的脚步,这种流转的本身也是一种发展。回顾农村土地经营的历史,从1987年开始推行土地有偿使用后,国家和地方的法律、法规和政策性文件都做了相应的修改,允许土地有偿使用,土地可以作为特殊商品进入市场,土地产权人(承包经营者)则通过地租资本化来确定土地价格,而土地的资本化一方面体现出其固有的使用价值,另一方面显化了土地权益应有的交换价值,即由狭义的土地资本过渡到广义的土地资本。从此,土地完成了由资源到资本的转变,同时也具备了资源与资产双重属性。

以农村土地资本化为前提,可以预期的目标是,随着土地资源转变为土地资本,以及土地流转的进行,中国农村的生产关系必将再一次发生重大变革,土地与农民,将不再是简单的生产资料与耕作者,而是土地资本与其拥有者资本农民;农业经济将不再是简单的农业生产,而是带上了资本运营的特征;农民也最终不会再是农民,而是农业工人;农业生产也将不会再是农业生产,而是带上了商品生产的特征;农业经济也将不会再是一个封闭式体系,而是在一系列机制的推动下更方便于金融资本的介入等一系列变化。

但是,从目前的农产业状况来说,农业经济的内生力十分疲弱,农业发展的动力机制尚未完全形成,加上农业投入的产出期相对较长,一次土壤改良或相关设施建设,往往要很长时间才能收回成本,而在承包期限的局限下,承包者很少从长远的角度来进行农业建设,这种状况阻滞了农业经济的发展速度,而改变这种状况实现预期中的发展目标的根本途径只有引进金融资本并引进现代金融管理与运营机制,这样才能打破农业经济的僵局,而这一点并非目前试水中的土地银行所能够完全解决的。

客观地说,只有具备了金融资本进入农产业这个大前提,才能建构出金融资本+农产业+高素质产业工人=高速发展的现代农业发展模式,并为农产业发展安装上强劲的动力机制。而农产业以及农村的发展亦必将在金融资本的推动下发生根本性变化,可以预见的是,其一,在金融资本的整合下,农业科技最新成果以及农业科技人才会得到的效用,从而提高土地效益与产业竞争力,并向农业现代化迈进;其二,在发展模式选择上,只有采取现代企业普遍采用的股份制模式才能更有效地实现金融资本的利益追求,也只有采取股份制模式,才会为农民以地入股打开大门,才能建立现代股份制农业企业,才能快速有效地实现农产业的规模化经营,并就地转化农村劳动力,实现资本与农业、农民的共赢;其三,股份制模式有利于实现农村人口与农业现代化同步成长,消弭失地农民的保障与就业困局,这是采取股份制来发展农产业的最重要的一个出发点;其四,股份制模式有利于培育农民的资本意识,促进传统农民向资本农民转变,这种转变不但会改变农村传统的生产与生活模式,也会促使农民从资本的角度来考量发展的问题,既有利于提高其自身素质,也有利于建立新型产业关系。

综上所述,土地流转不同于商品交易,而是一种与土地权益以及国家土地制度密切相关的权益流转。这种流转隐含的是土地的资本属性,而与土地资本化相伴而生的是资本农民,资本农民的产生,也代表着农村、农业与农民所产生的新的变化,以及农产业生产关系所发生的变革。这一切变化,为农业现代化以及新农村的发展描绘了一幅美好的远景。

三、新农村远景展望

在以上章节中,我们以土地流转为核心,深入探讨了与此相关的机制建设,以及农民的保障问题,总结与描述了土地银行的积极作用与机制上的不足,构想了农村股份制机制的可行性,以及金融资本进军农业的机制建设,并阐述了土地资本化与资本农民的定位等,以土地流转为核心的农村已发生及将要发生或者设想中将要发生的变化。

以此为前提,我们可以描绘出这样一幅图画,未来农村,通过政府主导的股份制机制建设,或者现有的农村信用合作社经农民自发地进行股份制改造,金融资本进军农业的通道已畅通无阻,农产业公司化生产已形成趋势,土地流转不再是流转而是"入股"分红,农民不再是农民,而是可以成为农业股份公司的股东以及农业工人,农产业规模化、集约化发展已成为农业发展的主要特征。

由此带来的农村社会的变化主要会体现在以下几个方面:第一,土地流转的方式不再是简单的存贷,农民拥有的土地资本不再会因权益转让而流失，并通过土地入股而成为农业股份公司的股东，资本农民的价值得到充分的体现。第二，采取农业股份制发展的模式，有利于促进农业人口的转化以及消除城乡之间的户籍局限，农民可真正做到"离土不离乡"迁入城市而拿农村土地入股的分红，由此可以真正实现农民的自由迁居，一并消除农民的保障与城市化障碍。这方面，在重庆模式中已有体现。而从我国耕地状况出发，农业股份制公司赢利是有保障的。而在土地入股的机制上，也可以采取"转让金+股份"的模式，充分保障农民的权益。第三，农产业的规模化运营，必然会出现产供销一条龙发展的格局，由此可以催生出附属于农产业的其他产业，比如产品深加工、包装，运输等，为扩大就业带来机会，有利于就地转化农村剩余劳动力。第四，农产业的规模化发展，也会带动乡村建设，有利于乡村的城镇化，并由此带动农村消费升级。第五，土地流转机制的改变，以及由此形成的资本农民，可以因机制的作用，唤醒沉睡的资本意识，进而唤醒农村沉睡的巨额资本，并促进这些资本进入农产业，从而促进农村由储蓄型社会向投资型社会转变，并在最大限度上推动农村、农业与农民的发展。第六，采用农业股份制的形式,方便于农产业的证券化,并利用资本市场吸收更广范围内的社会闲散资金,由此改变工业企业证券化一统天下的格局。第六,土地,是目前农村社会最富增长潜力的资本,采用股份制机制来促进土地流转与农业的发展,还有利于打破空间上的局限,缩小边远农村与城市近郊农村的发展差距,实现市场化的城乡统筹发展。第七,机制是促进人的发展的有效方式,在股份制机制以及现代农业发展对员工素质要求的前提下,农业工人的素质也将得到有效提升,从而改变农村落后的知识结构,提高农村的精神生活水平,并提高农业人口的幸福指数。第八,采取股份制的模式发展农产业,有利于保护农村土地的集体所有制产权,亦有利于农业用地参与城市规划,并在不改变产权结构的基础上,实现城市的扩容。这一点,北京已有试点。农业用地不论是建设用地还是耕地或者是"四荒一疏"只要形成股份制的公司化形式,即可以消除征地过程中城市掠夺农村土地剩余价值的局面,农业股份制公司或农民村或乡集体可以在不改变权益所属的前提下参与城市建设。在北京的试点中,城中村的建设产权仍归村民集体所有,只是在参与城市建设的过程中要按照城市规划来进行。第九,农产业采取股份制发展的模式,有利于社会闲散资金或工商业资本进入农业,改变现有的土地银行靠国家财政支持的局面,降低财政风险。当然,在有效控制金融风险的前提下,国家财政资金支持农业仍然是最好的选择。第十,农产业的股份制发展模式,有利于将农产业证券化亦方便于产业改组或改革。在这方面,股份制公司在发展中的本质,即相当于一个自生性系统,具有自我更新的能力与功能。不但方便于引进战略性投资者,也方便于引进公司发展急需的科技、经营以及市场开拓型人才。

综上所述,从金融的视角来看,农产业的股份制发展模式,为金融资本进军农业打开了大门,而从未来农业现代化来说,高效的农业发展,亦是未来经济社会发展中最具投资价值的选择,从而,土地也将成为收益最为丰厚的投资标的,农民,将不再是落后与贫穷的代名词,而是成为土地资本的代表,而资本农民也将成为中国农村社会一道独特的风景,中国农村也将发生翻天覆地的变化。

土地信托流转之"草尾模式"

土地信托是在土地流转过程中形成的一种土地流转模式，也是土地流转中最早出现的一种流转方式。近年来，经不断的探索与完善，土地信托模式渐已成熟。在对土地信托的探索与完善过程中，湖南益阳做了大量工作，并取得了较为成功的经验与成果，成功地构建了农村土地信托流转的"草尾模式"。

一、土地信托的具体内涵

我国《信托法》第二条规定，"信托是指委托人基于对受托人的信任，将其财产权委托给受托人，由受托人按照委托人的意愿以自己的名义，为受益人的利益或者特定目的，进行管理或处分的行为"。

我们所说的农村土地信托实际上是指农村土地承包经营权信托。农村土地承包经营权信托是指委托人(土地承包经营权人)在一定期限内将土地承包经营权委托给受托人,受托人按委托人的意愿,以自己的名义为受益人利益或特定目的进行管理或处分的行为。其内涵主要包括:

1.农村土地承包经营权信托的前提是农村土地集体所有权和土地承包经营权不变。该制度是我国农村土地的基本政策,在关于农村土地的各项工作中我们必须坚持,土地信托也不例外。

2.农村土地承包经营权信托中委托人信托的是承包土地的经营权。一般信托中,委托人都享有信托财产的所有权,随着物权制度的发展完善,土地等财产已由"以所有权为中心"向"以用益物权为中心"转变,各种用益物权越来越受到重视,土地承包经营权可以作为信托财产。农村土地承包经营权人只能将土地的经营权委托给受托人,无权将土地的所有权委托给受托人。

3.信托之后不能改变土地用途。基于我国人多地少的国情,从保护耕地的角度出发,一般情况下不能改变农地的用途,对农用地尤其是农田的保护是我国的基本国策,我们必须长期坚持。土地承包经营权信托必须符合法律的规定,信托土地只能从事农业生产经营。

4.受托人以自己的名义独立地对信托财产进行管理处分。信托的本质和价值在于"受人之托,代人理财",委托人基于对受托人的信任将信托财产交给受托人进行管理处分,受托人成为法律意义上的使用人,对信托财产享有完全的支配权。农民把承包经营权信托给托管公司后,享有信托收益权,不能收回信托财产,不再有随意退出的权力。在信托合同终止之前,任何人都没有权力来解除这个合同。土地信托不因委托人的死亡,受托人的解散、破产或者其他情形而终止,可以继承,具有稳定性和长期性。虽然受托人享有独立的管理处分权,委托人在法律规定或约定的范围内依然享有监督权。

　　总体来说,土地信托是目前土地流转的一种有效形式,其主要作用就是对农村劳动力的合理流动以及土地资源的合理再分配具有重要价值与意义。

二、"草尾模式"简介

　　2009年,地处洞庭湖畔沅江、南县和大通湖区的结合部的草尾镇发生了一个重大事件——益阳市开展的农村土地信托流转,将草尾镇确定为全市首个试点乡镇,此后,经不断的探索与改进,确定了一个后来被人们称之为"草尾模式"的土地信托流转模式。据湖南省委秘书长、益阳市原市委书记马勇介绍,"草尾模式"的诞生之初主要为了解决农村劳动力大量外流,耕地大规模抛荒的困局,在行政举措不得力的情况下,经反复酝酿与不断总结与改进,才形成了一个较为成熟的土地信托流转模式,即"草尾模式"。

"草尾模式"的主要内容为:政府出资在乡镇(或县一级)设立农村土地承包经营权信托有限公司,农民在自愿的前提下,将名下的土地承包经营权委托给政府的信托公司,并签订土地信托合同,农业企业或大户再从政府的信托公司手中连片租赁土地,从事农业开发经营活动。

简而言之,就是变过去农户和企业间的流转转变为农户、企业和政府间的三方流转。农户的承包经营权先流入政府的土地托管公司,再由托管公司将所托管的土地经营权打包集中流向企业或大户。这种模式的推广很快就取得实效,政府作为中介组织具有很高的信任度,自愿将土地进行托管的农民越来越多,集中连片的土地流转还吸引了农村富余资本的投资,对改进传统的农业生产模式起到了积极的推动作用。

总结起来,"草尾模式"主要有三方面的特点:

其一是政府职能延伸,建构了土地流转平台。一般的流转形式,农户和老板之间直接流转,政府只是一个看客。"草尾模式"最大的特色就在于政府主动出击、主动作为,成立土地托管公司强力介入土地流转。通过建立政府平台主动介入土地流转,使大户安心经营,农户放心委托,流转规范有序。在操作中,必须是农民的承包经营权首先通过签订信托合同的方式流转到政府的托管公司,然后再流向农业生产公司或种植大户。这一点与普通的农民自发组织的土地流转信托机构有所不同,从这一点出发,没有政府平台介入的土地流转不能算为"草尾模式"的土地信托流转。

其二是独具特色的信托模式。"草尾模式"的土地流转运用的是信托理念与原理,应用的是将信托制度在管理财产方面的成熟机制与农村土地经营权流转市场的发展结合起来。由于信托是一种适合长期财产转移和管理的制度,土地信托所具有的长期投资功能有利于显化土地价值回归资本属性,有利于建立资金回流"三农"的长效机制,有利于促进农村土地制度与农村金融协调发展。在具体操作中,农户作为委托方,农民的承包经营权首先通过签订信托合同的方式流转到政府的托管公司,然后再流向农业生产公司或种植大户。农户、托管公司、农业经营公司分别依法享有各自的责、权、利。土地信托流转将三方当事人的权利义务置于法律的调整范围之内,有利于保护农民、政府托管公司、农业经营公司的权益。

其三是市场化运作。所谓市场化运作主要是指政府按现代企业制度成立土地托管公司,以市场主体的身份与农业企业发生合同关系。同时,也通过信托合同的签订,将千万家农户组织起来进入土地流转市场。土地托管公司与农民、企业三方均按市场规律办事。这样,我们将土地的使用权引入市场,突破了原有土地使用权流转范围小的局限性,有利于经济区域发展和农业产业结构的优化调整。

总的来说,"草尾模式"是政府改变了以往的行政干预做法,完全从市场经济出发所作的一个成功的尝试。而政府职能的这一延伸和转变,土地流转中许多问题即得到了圆满的解决。由此而言,思想与理论上前进一小步,社会就会前进一大步。

三、"草尾模式"形成过程的两个阶段

"草尾模式"的形成是益阳市委、市政府主导下的具体的土地信托流转实践,在形成过程中大体经历了两个阶段。第一阶段是传统的土地流转阶段。据介绍,2007 年前,由于种粮收益低、农村劳动力外出务工,种田的人越来越少,农村耕地抛荒比较严重,有的地方抛荒面积甚至达到了三分之一。为了确保粮食生产,益阳市委、市政府在全面落实国家惠农政策的同时,采取了干部分片包干、收取代耕费等行政措施努力遏制耕地抛荒,取得了一些成效。但很快就发现,这种靠行政手段治理抛荒的方式极不稳定,难以持久。2008 年,市委召开土地流转工作座谈会,总结前期治理抛荒工作中涌现出来的各种自发性的土地流转现象,一致认为,土地联产承包经营权的适度流转,是解决抛荒问题的正确方向。因此,会议提出要把土地流转作为现代农业建设的"牛鼻子"来抓,并全面部署了土地承包经营权的确权发证和土地流转工作。在落实土地流转措施之初的2009 年,全市耕地流转面积就达到了 116 万亩,占耕地总面积的 32.1%,位居省内前列。

　　第二阶段是创新流转阶段。随着传统模式的土地流转的进行,人们很快就发现,传统模式的土地流转在流转率超过 30% 以后像是遇到了"天花板",很难再有大发展。分析原因,主要归结为政府角色"缺位"。在传统流转模式中,主要是农户和农业企业(或农业大户)两个角色在起作用,政府尽管成立了土地流转中介服务机构,但只能做些信息服务、矛盾调解的工作,没有以经济角色的定位介入流转流程之中。因此,企业对与千家万户打交道的难度、对毁约风险的担忧和农户对外来或本地农业企业投资商的不信任等因素交织在一起,导致土地流转工作进展艰难。为了化解上述难题,益阳市委、市政府从 2009 年开始,把目光瞄向了土地信托流转这种新型流转模式。此后,经过 3 年的实践,在进行土地信托流转试点的地区,耕地流转率很快突破了 40%,有的地方达到了 60%,沅江市草尾镇乐园村达到了 90%,并且产生了很好的社会效果。

　　从实践成果的角度来说,土地信托流转对于推动农村经济社会发展起到的积极作用是有目共睹的:一是加快了产业发展,有利于城乡产业对接;二是促进了农民增收,缩小了城乡收入差距;三是带动了资本下乡;四是推动了村镇建设,缩小了城乡公共服务差距;五是增进了基层政府的公信力,改善了乡村治理,缩小了城乡文明差距。

　　益阳的实践探索还表明:土地信托流转不仅适用于湖区,也适用于丘陵地区;土地信托流转不仅适用于水田耕地流转,也适用于种植茶叶、药材等旱田甚至林地、养殖水面等的流转；此外，土地信托流转与其他流转方式相比，有明显优势，深受企业家、农民、乡镇干部的欢迎。凡是采取规范的"草尾模式"进行土地信托流转的，则能够实现流转关系稳定、管理规范的效果，真正达到农民满意、企业满意、政府满意的结果。

在"草尾模式"的实践与总结过程中，益阳市还总结出值得重视与借鉴的三大基本原则：

第一，坚持尊重农民的意愿。农村的问题说到底是农民的问题，党的农村工作实践已充分表明，什么时候我们党的农村工作遵循了农民意愿，工作就能顺利推进；脱离了农民的意愿，工作就会受挫。"草尾模式"从起步到现在，农民群众不断提升的满意度表明，正确的措施总会受到人民群众的欢迎。

第二，坚持生产力标准。益阳在土地制度创新方面的探索，始终坚持以农业生产力的解放，生产水平、收入水平的提高为导向。凡是有利于生产力解放的方式就要用，凡是不利于生产力发展的方式就要改，不能左顾右盼。

第三，坚持市场导向。改革开放以来，我国实施以市场配置资源为主的社会主义市场经济体制改革是历史的选择、正确的选择。农村土地制度创新必须与社会主义市场经济体制的要求相适应，真正做到市场主体充分参与，市场充分配置资源。在市场导向的原则下，决策机构与政府部门想问题作决策，不仅要有主观想象力，更要有操作掌控力。要实现"鱼"与"熊掌"兼得的目标，就要在确保农民分户联产经营权（农民切身利益）的同时,推动与现代农业发展相配套的土地规模经营;就要在明晰产权、促进市场交易上做文章。

总结"草尾模式"从实践到成功的过程,至少有三点值得肯定:一是指导思想与基本出发点准确无误,能够从人民群众的根本利益出发,从市场原则出发来指导实践;二是充分运用了信托业现代管理与运营模式,并与土地流转进行了合理的嫁接,理顺了土地流转过程中方方面面的关系;三是党政领导勇于探索,勤于作为,开拓性地拓宽了政府职能,这一点,也正是"草尾模式"能够诞生并能够取得成功以及深受群众欢迎的关键。

四、"草尾模式"的比较优势分析

自实施家庭联产承包责任制以来,土地流转就作为农民自主进行的经营权转让行为而存在,并形成了转包、出租、互换、转让等流转方式。客观地看,土地流转也是实现农业适度规模经营的唯一途径,一般形式的土地流转为促进适度规模经营打下了较好的基础,但也在实践中暴露出来大量问题。主要表现在:

第一,土地难以流转。一个典型案例是,益阳由于治理农地抛荒、推进现代农业建设而推进多种形式土地流转,但当土地流转率达到30%左右时,推动很难。主要原因在于一般形式的土地流转企业和经营大户要与千家万户的农民直接打交道,流转成本太高;而农户却对企业和经营大户缺乏足够的信任,有很强的抵触情绪。

第二,土地流转难以形成规模。仍以益阳为例,益阳有470万人口、411万亩耕地,在一般形式土地流转的高峰期,全市流转大户户平均经营面积不到60亩,流转面积在50亩以下的有4028户、占流转总户数的77.5%,流转面积在500亩以上的只有73户,1000亩以上的只有21户。

第三,土地流转关系难以稳定。主要原因是流转不规范:农户自行流转的多,村组组织和靠产业引导流转的少;口头协议无序流转的多,签订了正式书面合同的少;合同条款模糊的多,约定规范明确的少,导致流转不规范、土地纠纷难调处;合同执行的监督主体模糊,工作量大,监管缺失。这种局面的主要隐患在于:一方面,一旦经营大户中途退出,农民利益得不到保障,极易引发纠纷和群体性事件,而且影响极其深远,不仅会影响到一个地方的土地流转与农业生产,而且会影响到党和国家在农村各项政策的执行。另一方面,农民是弱势群体,也是既得利益者,法律、诚信意识容易在既得利益面前丧失殆尽,一旦他们觉得在流转中有一点点不满,就马上会退出流转,对到没到合同期限视而不见;同时,也有可能因为土地流转之外的事情,比如对村组干部有意见、对某某事情处理不公有意见,而随意退出土地流转,给经营大户带来损失。

　　第四,土地流转后难以形成大的投资流。发展现代农业,需要建立多元化农业投入模式,特别是民间资本要能够进来,光有政府投入是远远不够的。但在一般土地流转形式下,很难做到这点。一方面,流转周期短,导致经营大户不敢投入。尽管农村医保、养老正在提质扩面,但农民恋土情结仍然存在,大多采取短期(1 至 5 年)转包的方式流转土地。流转周期短,得到的回报少,显然不利于推动、刺激企业和经营大户大量投入。另一方面,金融机构很难投入。有的地方流转周期长、规模大,但经营大户自有资金有限,金融机构因为担保主体、抵押标的难以落实,放贷风险大而不愿跟进,导致不仅投入少,而且采取掠夺式的经营,破坏地力。

　　与农村土地流转的一般形式相比,土地信托流转"草尾模式"的比较优势在于:

　　第一,它是最规范的土地流转形式。由于信托契约具有比其他诸如委托、代理契约更高的稳定性,农户、托管公司、农业经营公司通过信托流转关系,实现了土地所有权、承包权和使用权彻底分离,形成了更为稳定的契约关系,大大提高了土地流转的规范性。

　　第二,它是最稳定的土地流转形式。由政府全额出资成立的土地信托机构和中介服务组织组成规范的组织管理形式,使得土地流转更具效率和安全性。土地信托流转通过建立政府托管公司这个平台,主动介入土地流转,使农业企业只需与政府成立的托管公司直接打交道就能获得有较长经营权的成片土地,节省了整合土地的人力、财力成本,可以放心投资、安心经营;农户将承包经营权委托给政府成立的托管公司,不怕政府"跑了",消除了农业企业在收成不好时一走了之导致颗粒无收的担心,从而放心委托,形成了土地经营方省心拿地、农民开心托地的稳定局面。

第三,它是最能实现农业规模经营的土地流转形式。土地信托流转是由委托人、受托人以效率为原则依法进行的一种市场选择行为,突破了原有土地使用权流转仅限于村级内部的界限,基层政府充分利用行政资源,可实现跨行政区域的土地流转,能够实现土地在更宽区域、更高层面的整合。同时,通过信托流转,土地经营权集中于政府,使政府具备较高的整合项目能力,提高了土地资源的利用效益,强化了政府对产业的主导地位,加快了现代农业发展。

正因为以上三种特性,"草尾模式"完全有可能成为民间资本、城市资本甚至是金融资本在农业领域的投入平台,同时它又是广大农民群众信得过的土地资产托管平台,完全有可能成为益阳市加速城乡一体化发展的重要推动力量。

客观地看,土地信托流转模式从本质上来说是一种政府观念的重大改变,这种改变主要体现在从"土地管理"到"土地经营"的跃进,并为金融资本进军"三农"创造了一个良好的契机。这种改变所带来的,不仅是农业发展模式的跃迁,也将是现代企业管理理念走进"三农"的一个开端。而由此创生的"土地经营"理念,亦是政府职能方面前所未有的新内涵,必将为"三农"发展带来前所未有的改变。

五、"草尾模式"的合法性分析

信托制度是一种成熟的经济管理制度,也是现代资本市场发展中的一项重要法律性制度。它的基本价值在于,以信托财产为核心,通过受托人对信托财产的管理或者处分,实现受益人的受益权。在实行土地私有制、已经实现农业现代化的日本、美国等国家,信托机制也是现今保护土地及其所有人权益的主要手段。尽管我国的土地制度与国外的土地私有制有本质上的不同,实行国家所有或集体所有制,但承接现代信托的本质渊源,借鉴国外的土地信托原理来构建我国农村土地信托流转制度,并由此将信托制度在管理财产方面的天然优势与我国农村土地资本市场(即土地承包经营权流转市场)的发展结合起来,促进农村土地使用权高效流转,土地适度规模经营,加快提升农地产出率并提高农业生产效益,同样具有重大意义。

·需要明确指出的是,目前的土地信托流转是以土地的承包经营权为信托财产来进行的,不是对一般意义上的财产进行信托,与市面上传统托管公司做的不是一回事;目前益阳采取的在乡镇设立的是土地托管机构,是一种新型合作化组织,符合相关法律法规规定。

首先,土地信托流转符合我国土地管理法、农村土地承包法、农村承包经营权流转管理办法和物权法等法律法规的有关规定。2003年3月1日施行的《中华人民共和国农村土地承包法》第三十二条规定:"通过家庭承包的土地承包经营权可以依法采取转包、出租、互换、转让或者其他方式流转。"2005年3月1日实施的《农村土地承包经营权管理办法》第十五条规定:"承包方依法取得的农村土地承包经营权可以采取转包、出租、互换、转让或者其他符合有关法律和国家政策规定的方式流转。"2007年10月1日施行的《中华人民共和国物权法》第一百二十八条规定:"土地承包经营权人依照农村土地承包法的规定,有权将土地承包经营权采取转包、互换、转让等方式流转。"尽管以上条款并没有直接对农村土地信托流转方式予以规定,但并不排除信托流转方式的合法性。因此,土地信托流转属于法律法规鼓励允许的范围,符合法律精神。

其次,土地信托流转符合信托法关于信托设置的有关规定,农村土地承包经营权可以作为信托财产。《信托法》第二章第七条规定:"本法所称财产包括合法的财产权利。"因为,信托是基于财产权的转移为条件的。没有财产或者财产权的转移,信托不成立。从民法的一般原则上看,财产就是指具有经济价值,以一定目的而结合权利义务的总体。而财产权就是以财产利益为内容并直接体现财产利益的权利。土地承包经营权是对集体所有土地的占有、使用、收益的权利,它的财产利益直接体现在收益权。因此,土地承包经营权是一种财产权,符合《信托法》规定的信托财产的要求。同时,《信托法》第三章第十四条规定:"法律、行政法规禁止流通的财产,不得作为信托财产。法律、行政法规限制流通的财产,依法经有关主管部门批准后,可以作为信托财产。"根据上述法规,农村土地承包经营权显然不属于禁止流通的财产,也不属于限制流通的财产。因此,根据现行法律法规,农村土地承包制度下的土地使用权可以成为信托财产,设立以土地使用权为信托财产的土地信托流转是合法有效的。

总结以上分析,"草尾模式"尽管没有明确的法律条文来确定其合法性,但总的来说是符合法律精神,融通信托机制的一种管理上的创新,其所带来的不但是思想与理论上的突破,更重要的是融进了一种现代企业所共有的经营特质,为传统的农产业带来了强烈的现代企业经管气息。

六、关于"草尾模式"的思考

土地信托流转之"草尾模式"是源自于土地流转第一线的实践与探索,其形成过程凝结着益阳市委、市政府对土地流转的关切与期望。说到底,土地流转既是一项民生工程,也是一项民心工程。只有从人民群众切身利益出发,才能准确定位土地流转的出发点与落脚点,才能赢得最广大群众的支持与拥护。在这一点上,"草尾模式"既是政府职能的延伸,体现着益阳市领导阶层对土地流转的关切,也体现着党和政府对基层农民的一种关怀,而在更深一层的意义上来说,这种举措的实施,也是政府部门从单纯的土地管理向土地经营方向的一个突破,其价值与意义值得肯定。

用发展的目光来看,农产业的未来发展要走产业化发展之路,这一点没有人质疑。进一步来说,未来的农产业,也要企业化,而不是像现在大多数地区的"自耕农"式的发展。那么,我们需要考虑的一个问题就是未来农产业产业化发展中的企业化管理模式问题,在这一点上,"草尾模式"带给我们的启示就是在最大限度上兼顾农民的利益,理顺了土地流转中方方面面的关系。

也许有人会提出这样的问题——"草尾模式"为什么没有顾及农民的保障问题?其实发展就是最好的保障,离开了发展谈保障,这种保障也是一种"消极"的保障。引用本书的观点,未来农民,将是拥有土地资本的农民,因而也是资本农民,而解决农民的保障问题的根本出路,不是以土地换社保,也不是依靠巨额的财政投入,而是靠发展。按书中的设想,未来农业现代化之路的一个根本措施就是搭建好金融资本进入农业领域的平台,缺失资本动力的农产业,不但发展速度缓慢,亦无法完成农业现代化的重任。而这个平台,说到底离不开现代企业发展模式中的股份制模式,只有这样,才能将土地虚拟化为股份,农民才能以土地入股,并充分保有自己拥有的土地经营权,从

而分享农业现代化的成果。如果这个设想成为现实,对破解
"三农"困局必将起到决定性作用。

回到主题,"草尾模式"对未来农业发展的主要作用就是由
政府搭建了这样一个平台,并为资本投资创造了契机,只是尚
未引进股份制机制,金融资本尚无法突破"空间屏障"完成对农
产业的整合。不过,"草尾模式"已经为金融资本进军农产业打
好了基础,只要按这个方向走下去,实现农产业与金融资本的
对接只是迟早的问题。在这一点上,笔者抱有充分的乐观
预期。

调研报告名称:土地信托流转之"草尾模式"
调研目的:考察土地信托的发展状况
调研地:湖南省益阳市
调研人:董志龙　马勇(中共湖南省委副秘书长)
调研日期:2013 年 10 月

土地流转引领现代农业的嬗变

——对商水县土地流转情况的调查与思考

推进农村土地承包经营权流转,实现农业规模经营,是发展现代农业、加快农业产业结构调整和提高农业产业效益的必然选择。近年来,商水县以"规模经营,农民增收,农业增效"为目标,在推进农村土地流转,加快发展现代农业方面进行了一些有益的探索,取得了明显的经济和社会效益。

一、商水县土地流转基本情况

商水县是典型的平原农业大县,位于河南省东南部,属周口市。总面积约 1313 平方千米,总人口 121.4 万,耕地面积 139 万亩,人均耕地只有不到 1.14 亩,人地矛盾十分突出。近年来,随着农村经济的快速发展,商水县的农村劳动力转移呈现逐年增多的趋势,分析其原因,主要是存在土地资源瓶颈,人均耕地有限,农业人口单纯依靠土地难以维持生计。这种情形造成了农村青壮年劳动力大量外流,导致土地抛荒,粗放耕作的现象十分严重。针对这种状况,商水县委、县政府积极探索建立土地流转经营机制,大力发展农民专业合作组织,积极促进传统农业向现代农业转变,有效推动了农村经济社会的发展,取得了可喜的成绩。

据统计,目前全县土地流转涉及农户 2930 户,占总户数的 2%。流转耕地面积 22.6 万亩,约占总耕地面积的 18%。在流转土地总面积中,种植粮食作物 10 万亩,经济作物 5 万亩,园艺作物 5 万亩,其他作物 4 万亩,平均每亩增加效益 200 元以上,有效地提高了土地资源产出率。

从全县土地流转的主要模式上看,主要表现出以下几个特点:

1.土地流转形式多样化。比较而言,土地流转的多样化是在土地流转过程中逐渐形成的一些流转方式,包括以下几方面内容,一是转包。由农户在农村集体经济组织内进行土地承包经营权租赁。受转包人享有土地承包经营权的使用权,获取承包土地的收益,并向转包人支付转包费。二是租赁。农户将土地承包经营权租赁给集体经济组织以外的人,仍享有土地经营权的产权,承租人向农户支付租金。三是互换。农户之间出于方便经营等原因,在村集体经济组织内部互换土地承包经营权。四是荒地拍卖。承租人通过招标、拍卖、公开协商等方式取得农村荒地的承包经营权。荒地产权仍归村集体经济组织所有。五是转让。农户将其拥有的土地承包经营权，在严格的条件下，通过集体经济组织，以一定的方式和条件转移给他人。六是入股。农户在自愿联合的基础上，将土地承包经营权以入股的形式组织在一起，从事农业生产，收益按股分红。其中，转包和租赁是土地流转的主要形式，两种流转形式占土地流转总面积的80%以上。以上就是商水县在土地流转过程中形成的几种流转模式，在这方面与全国其他地区的土地流转大同小异。

2.土地流转规模逐年增大。土地流转带动了农民增收、农业增效，农民农户参与土地流转的积极性逐渐增高，土地流转的规模也逐年增大。2010年，全县土地流转面积是5万亩，2011年，达到8万亩，2012年，增至22万亩。全县土地流转面积达到20%以上的行政村有19个，仅398户流转规模经营户，经营耕地面积就达2.25万亩，户均56.5亩。

3.土地流转对象多元化。过去，农村土地流转仅仅局限于承包农户之间。近年来，随着农业效益的提升，农村优势特色产业发展步伐逐步加快，众多的社会工商企业、产业化龙头企业、农民合作经济组织、种养大户参与到农村土地流转中来，他们利用自身的资金和技术优势，瞄准市场需求，从事种养业和农副产品加工业，带动全县形成一批农村主导优势产业和特色区域农业。其中，尤以农民专业合作社发展最为迅速，据统计，至2012年年底，全县各类农民专业合作社达到479家，其中种植业 189 家,畜牧业 239 家,渔业 6 家,林业 4 家,加工业 28 家,其他 13 家;国家级示范合作社 2 家,省级示范合作社 4 家,市级示范合作社 36 家,县级示范合作社 48 家;年销售收入在 300万—1200 万元的规范性合作社 48 家;拥有注册商标的专业合作社 23 家,专业合作社获得质量认证的产品数 4 个。合作社成员 6900 人,辐射带动农民 30 余万人。其中比较上规模的魏集镇天华种植专业合作社所托管和流转的土地面积达 1.4 万亩,成为省内排名靠前的种粮大户,曾获得全国种植业示范合作社荣誉称号,其所属华兴农机合作社还荣获国家级农机专业示范合作社称号。2012 年,合作社理事长刘天华代表河南省在全国农民专业合作社经验交流会上做了典型发言,受到回良玉副总理的接见。

4.土地流转行为规范化。近年来,针对土地流转合同不规范、双方的权利义务不明确、存在纠纷隐患等问题,商水县委、县政府积极介入和引导,促进了全县土地管理服务网络体系逐步建立和完善,农村土地流转开始从无偿、低价流转向合理、有偿流转转变;从无协议、口头协议向书面协议转变。呈现出依法、自愿、有偿的规范化流转趋势。在土地流转价格以及合同签订年限上更趋合理与规范。目前全县每年亩均土地流转价格稳定在 300—500 元左右,其中经济价值较好的土地,最高年土地流转价格在每亩 1200 元左右。此外,规范土地流转合同签订率达到 92%,有效化解了土地流转过程中出现的矛盾和问题。

二、现代农业发展的成效

通过土地流转，商水县涌现出一大批以专业合作社为主要形式的种养大户，农业发展呈现出规模化发展的良好势头，机械化水平显著提高，园区农业、生态农业亦开始崭露头角，为农业现代化打下了坚实的基础。现分述如下：

1. 规模农业蓬勃发展。通过土地流转，零散的土地逐步向涉农企业、专业合作社、经营大户、种养能手集中，促使农业适度规模经营，有效地提高了土地利用率、产出率，农业生产的效益明显增大。据统计，全县规模种粮大户98户，流转土地面积6.3万亩；规模种植大户有41户，流转土地面积达3.6万亩；规模养殖大户有608户，流转土地面积2.8万亩。以商水县张庄乡和魏集镇为例，张庄乡流转土地达2万多亩，建立起一批蔬菜、苗圃、烟叶种植示范基地，其中訾庄行政村的千亩苗圃基地，参与土地流转的农户仅租金收入每年就达100多万元，农民在坐收土地收益的同时，还可以腾出手来利用有限的资金开展其他经营，收入水平大幅提高；魏集镇许寨行政村耕地面积2208亩，流转面积超过50%，建立起许寨牧业发展有限公司、许寨工艺彩瓷厂和许寨智能电器厂3个企业和2个专业合作社，成为全县的"明星村"，其中许寨牧业发展有限公司利用流转土地,走上了一条奶牛养殖、食用菌栽培、农作物种植相结合的产业循环发展模式,取得了较高的经济效益和生态效益。

　2.农业机械化水平大幅提升。土地流转为土地的适度规模经营创造了有利条件,并为农业机械化奠定了基础,促进了机械动力装备的普遍采用,加快了以农户分散经营为主的传统农业劳作方式向以农业机械化为主的现代农业连片耕作方式转变,极大地提高了农业生产的效率效益。目前,按统计数据,全县农业机械总动力达 126.95 万千瓦。农业机械保有量达到 32.2 万台,拖拉机达到 5.031 万台,其中大型拖拉机达到 3045 台,联合收割机达到 1850 台。农机具达到 9.22 万台,配套比 1:1.83,耕作收综合机械化水平达到 82%。2012 年,全县完成机耕作业面积 171.72 万亩、机收面积 186.86 万亩,同比增长 1.5% 和 9%。农业机械的快速增加,推动农机专业合作社和机防、机耕服务队迅速发展,目前,全县共有农机专业合作社 129 家,机防服务队、机耕服务队分别达到 26 家,服务耕地面积超过 16 万亩。其中天华农民专业合作社拥有机耕队、机收队、农田工程队等 8 个服务农业生产工作队,安置 230 名农民就业,这些"职业农工"农忙季节全天候从事农业机械作业,农闲季节从事除草、施肥、浇地等技术劳作,月均收入可达 1500 元以上,超过省内规定的最低工资标准。合作社利用大中型拖拉机、联合收割机、植保机械等农机具,大力推广保护性耕作、小麦与玉米机械化播种和收获、农作物秸秆综合利用、农机节能等先进实用新技术,有效提高了生产效率,保护了生态环境,降低了投入成本,增加了农户收入。

3.园区农业势头强劲。土地流转促进了农业的集约化经营、规模化生产,推动全县现代农业示范园区向更高层次发展。目前,全县规划的万亩现代农业高效示范园区在土地流转的带动下,得到迅速实施,河南顺吉高效农业、北京富慧言园林绿化、安徽砀山硕博林果等园区项目相继落户,特色优势产业已初步形成。这些企业通过发展高效农业产业和生态良性循环农业,运用先进的经营理念,采取现代企业经营模式,大量使用育种、栽培、饲养、土壤改良、植保畜保等农业科学技术,极大地提高了农业生产的综合效益,对商水县现代农业产业发展起到了很好的示范效应。

此外,各乡镇的农业示范园区也得到迅速发展,比如,黄寨镇以唐店荣盛新型农村社区为依托建立的现代农业示范园区,以每亩每年1000元的价格流转农民土地2300亩,重点培育生态绿色农业项目。园区种植金银花等中药材和广玉兰、香樟等苗木,同时还规划建设了5000头规模养殖场,还开挖兴建了40亩鱼塘,四周栽植景观树和花草,成立了休闲娱乐中心,形成了旅游农业与观光农业的雏形。园区的发展让3000多名农民变身为农业工人,不仅让农民获得了土地流转的实惠、转变了农业发展的方式,也让农民看到了未来农村的希望,同时,也调动了农户参与土地流转的积极性和主动性。

4.设施农业日渐兴起。以土地流转为突破口,鼓励和引导设施农业的发展、不断提高农业生产效率、使设施农业逐步成为农民"摸得着、看得见"的农业典型是商水县的一条成功经验。比如,商水县的姚集乡就在这方面取得了很大的成功。这个乡充分发挥当地农民种植越季蔬菜的优势,大力发展棚菜经济,流转土地面积达到 1.7 万亩,建日光温室 2000 多座,每座年收入可达 6 万多元。全乡设施农业发展总面积已达 1.2 万亩,建设设施农业小区 3 个。年蔬菜产量达 2.5 万吨,年产值 9500 万元,项目区农民人均增收 6501 元。成立蔬菜合作社及协会 12 家,拥有经纪人 260 人,年经营蔬菜的销售量在 2 万吨左右,销售额 7000 万元。还注册了"天伦"牌无公害蔬菜品牌,年销售该品牌蔬菜 5000 吨,销售额 2500 万元。目前,全县引进并落地的设施农业项目 24 个,建成钢架日光温室大棚 300 多个,面积 240 亩;水泥立柱大棚 2000 多个,面积 3000 多亩,普通大棚 1 万多个,面积 1 万多亩。设施农业每亩产值已突破 2 万元大关。总体上说,设施农业充分利用现代科技优势,促使传统农业逐步摆脱自然的束缚,打破蔬菜生产的季节性限制,逐步向现代工厂型、环境安全型的现代农业转变,进一步满足多元化、多层次的市场消费需求,提高了农业生产的比较效益。

5.生态农业方兴未艾。在商水县的实践经验中,坚持因地制宜,采用土地流转方式,积极探索特色农业与生态资源相结合、农业发展和旅游业相结合、第一产业和第三产业相依存的发展道路,依托自然资源、环境资源和人文资源,通过引导、整合、政策扶持等手段,着力培育以"渔、果、林"为主的富有乡村特色的休闲观光农业也是一条比较有价值的经验。目前,全县共建立 10 个休闲农业项目,总投资超亿元,流转土地 5000 多亩。其中,练集镇朱集村"美人指"葡萄生态园,利用土地流转方式,以每亩地每年 1000 斤小麦的价格租赁了 1000 亩土地,流转给 300 多户群众种植葡萄,亩均效益达到 1 万多元,成为河南省同类葡萄品种种植面积较大的综合开发园区,并被核准为省无公害绿色食品生产基地。此外,固墙镇通过土地流转,发展"养殖业—沼气—种植业"循环模式,建立起现代化养猪场 21 个,存栏量达到 4600 头,年出栏 9 万头,增加收入 2600 万元。以沼气建设为纽带,促进畜牧养殖与沼气循环利用,沼液、沼渣返田,促进了"一业为主、综合发展、多级转换、良性循环"的高效无废料现代生态农业发展模式。

三、商水县在土地流转中采取的主要措施

按照中央和省市加快推进农村土地规模经营和促进农村产业发展的要求,商水县委、县政府确立了"一园一区一基地"建设的总体思路,制定了"政府引导、市场调节、农民自愿、依法有偿"的原则,建立完善土地流转机制,出台土地流转政策,强化因势利导,全县农村土地规模经营步伐明显加快,有力地促进了农村经济社会的发展。在商水县的做法中,主要有以下几

点思路与策略：

1.因势利导，促进流转。县委、县政府把土地流转作为一项长期性工作，坚持常抓不懈。为切实加强对农村土地承包经营权流转工作的领导，县乡均成立了土地流转工作办公室，主管农业的副县长亲自抓、负总责，乡镇主要领导具体抓。县新闻媒体和农经部门从抓正面宣传和引导入手，采用多种有效形式，把土地流转法规政策宣传到千家万户，向农民讲清土地流转的意义和作用，让农民真正意识到土地流转是解决人地矛盾的有效途径，在全县上下，形成共识，为促进土地承包经营权的有序流动营造浓厚氛围。将土地流转工作纳入全县农业工作考核范围，并进一步加大考核分值比例，充分调动了乡镇加快农村土地流转工作的积极性和主动性。

2.加强扶持，推动流转。商水县委、县政府在积极贯彻中央一系列惠农政策的同时，进一步出台了加快农村土地流转、促进规模经营的意见和配套办法，对全县农村土地规模经营的基本原则、具体标准、总体目标、经营主体的补助标准、贷款贴息、品牌培育、农业部门技术支持等提出了具体的扶持政策，对农村土地的流转原则、流转方式、流转程序、流转管理做了具体规定。县农业科技部门还组织科技人员，深入基层开展政策咨询和技术指导，扶持发展种养大户，开展示范片建设，鼓励农业产业化规模经营。形成了政府给补助，技术有保障，配套有政策的土地流转格局，极大地调动了广大农户、农业龙头企业、经营大户等参与农村土地流转的积极性。

3.建立机制,规范流转。为了让农民放心转出土地、业主愉快受让土地、加快土地流转规模,商水县探索并建立了完善的土地纠纷调解机制,实行协商、调解、仲裁、诉讼四级互动,确保承包主体、流转主体的合法利益,为推进规模经营提供了法律保障。在具体执行过程中,商水县农经部门印制并发放了《商水县农村土地流转情况调查统计表》,对土地流转情况进行了详细摸底调查,对以往的土地流转行为进行规范,没有签订合同的,按照全省统一制定的土地流转合同文本进行补签。同时建立土地流转备案、登记制度,规范申请、登记、备案、监管等相关手续的办理程序,确定专人负责档案管理工作,建立健全农村土地流转档案制度,改变以往那种自发、无序、不具规模的粗放型流转模式,努力减少土地流转过程中出现的矛盾和问题,收到了较好的实效。

4.强化服务,保障流转。为了服务于土地流转,商水县还健全并完善了土地流转服务平台体系建设,系统性加强县土地流转服务中心、乡镇土地流转服务大厅、村级土地流转服务站的建设与管理,并在县农业信息网上开辟了土地流转供求信息专栏,完成了全县县、乡、村三级土地流转服务网络基本建设。在此过程中,县农经部门充分发挥职能作用,通过深入调查研究,广泛听取各方面的意见,规范流转行为,指导土地流转,最大限度保护流转双方的利益,为全县土地健康有序流转提供了有力保障。

四、对商水县经验的思考

土地流转和规模经营是现代农业发展的重要基础和前提。加快农村土地承包经营权流转,必须坚持依法、自愿的原则,以农户为主体,以农村基层干部为主要力量,充分发挥政府的引导作用,确保农村和谐稳定,确保土地流转健康有序开展。在这一点上,商水县的经验值得肯定与借鉴。

此外,为切实促进土地流转,商水县在目前土地流转现状基础上,对建立土地流转奖励机制;促进土地流转与产业发展的紧密链接;建立并完善土地流转管理机制以及建立健全土地流转服务机制等方面也做了进一步的研究与探索。

其主要设想是扩大流转规模,提高流转质量,降低流转风险,并积极促进农业种养结构的调整,因地制宜发展高效益、上规模的特色农业,引导土地资源向优势产业集聚,提高农业生产力和土地产出效益。并推进"专业合作社+农户"、"基地+农户"、"农村土地托管"等多种产业化经营模式。在土地流转的管理方面,以农户自愿为基础,遵循"依法、自愿、有偿"的原则,由村级流转服务组织审核同意、乡镇土地流转服务中心登记备案并依法鉴定,并提供土地流转标准合同文本,以及建立相应的纠纷调节机制等一系列措施。并在土地流转的同时,注重服务于农村劳动力的转移就业,健全农村社会保障机制,加强以农村最低生活保障、养老保险、医疗保险、子女教育、农民工保护等为主的社会保障体系建设,解除流转农户的后顾之忧。

客观地看,商水县在土地流转中所采取的措施是较为得当的,所取得的经验也具有很好的借鉴作用与价值。总结一下,主要有两点,一是在硬件建设上从管理到服务,形成了一个有利于土地流转的较为规范的体系;二是推进农村从"自耕农"式的发展方式向现代农业发展的大方向准确无误。此外,比较有价值与意义的是商水县还在土地流转的同时,正在对农民的保障问题进行积极探索。

归根到底,农村的发展问题也可以归结为两大主要方面,一方面是经济的发展,另一方面是人的发展,两者之间存在着主次关系,也存在着相互促进的关系。经济的发展是基础,人的发展才是最终目的。从这一点出发,有利于处理与把握在土地流转过程中出现的种种倾向。既不能只顾促进土地流转而忽视农村居民的发展,亦不能因顾及农民的目前利益而放弃长远利益。

从此出发,在土地流转过程中有必要遵循的一个基本原则就是要量体裁衣,具体来说就是要从本地区农村的实际情况出发,适度把握土地流转的分寸,说白了,就是不能在土地流转过程中扩大农村"无土地、无固定收入,无保障"即"三无"人员的数量,也不能固守现状停滞不前,从而阻碍农业现代化的步伐。

笔者认为,解决这些问题的根本出发点一是以农村劳动力的转移就业作为引领;二是以注重解决农民的保障作为土地流转的一个大的前提。农村劳动力的转移就业对土地流转的促进作用是显而易见的,只有农村劳动力的转移就业,才会促使土地流转顺利进行。而在转移就业这个环节,目前绝大多数地区的农村劳动力仍处于自谋职业的状态,不但缺乏必要的劳动技能培训,也缺乏必要的劳动组织。这种状况不利于就业的稳定性,从而间接影响到土地流转的进行。在 2008 年金融危机期间,据相关统计,全国返乡农民工高达上千万,如果这部分农民工的土地已流转出去,那么,回乡就意味着失业,如果再缺乏必要的社会保障,只能靠积蓄生活。这种情形无疑增加了社会不稳定因素,同时也说明我们的经济社会在运行机制方面存在问题。

　　而在农民的保障问题上,土地流转也是一个必要的前提,应积极探索土地流转与农民保障之间的关联性,要从资本的角度来看待农民手中的土地,土地流转不但要"有偿"而且要为农民的保障作出贡献。当然,缘于各地的发展水平以及土地的人均拥有量不同,农民手中的土地与农民的保障两者间事实上并不等价,彻底解决农民的保障,仍取决于农业经济的运行模式以及发展水平。在这一点上,构建一个金融资本进军农业的平台,对农业经济进行股份制改造不失为一种比较现实的设想。

　　从经济发展模式的角度来说,金融资本是一种决定性前提,具有左右经济发展规模与力度的作用,改革开放以来的中国经济,金融资本的推动作用功不可没,并被喻为推动经济发展的三驾马车之一。而农业经济则缺乏资本的推动,发展速度与发展水平也严重滞后于工业经济的发展,这一点所带来问题是整个社会的问题,说白了,这是造成目前社会贫富差距巨大的根源之一。而在未来的发展中,农业经济如果仍然缺少资本的作用,其自生性发展水平与发展速度仍然要滞后于工业经济,并持续加大城乡差距、贫富差距、社会保障水平上的差距,并构成经济社会运行中的不稳定因素。

从最广大的农民利益出发,发展才是最好的保障,而发展的模式与目标,只有实现金融资本与农业的紧密结合才能够实现,在这方面,构建金融资本进军"三农"的健康机制与平台十分重要,而在这方面,仍需要我们在机制设计与发展模式上作出积极的探索。

调研报告名称:土地流转引领现代农业的嬗变

调研目的:考察土地流转与现代农业发展状况

调研地:河南省商水县

调研人:董志龙

调研日期:2013年10月

土地金融创新调查

　　长期以来,农民与涉农企业融资难、代价大的问题一直困扰着农民与农产业的发展,为了破解这个难题,农业大省吉林省对此做了富有成效的探索,为农民增收、农村发展、农业转型注入了资本元素,为农村、农业与农民的发展注入了新的活力。

　　据吉林省金融办介绍,作为农业大省,吉林的农产业发展受资本局限的状况较为突出,为促进农产业的快速发展,促进资本向农产业进军已成为农产业发展的一个重要瓶颈。基于此,省金融主管机构经过与金融监管部门、相关政府部门、相关金融机构和法律专家的反复论证,于 2011 年在全国率先提出了土地收益保证贷款的初步设想,此后,经一年时间的酝酿,以保证贷款为核心的全省土地金融改革于 2012 年 8 月 20 日在吉林省梨树县正式展开。

　　按照吉林省委、省政府主要领导的要求,根据俊清常务副省长的部署,经各市(州)、各县(市、区)党委和政府、省直相关部门、各金融监管机构、各金融机构等相关方面共同努力,一年来,试点工作进展顺利,试点成效已有显现,初步形成了农民得实惠、银行得效益、党和政府得民心的良好局面。

一、土地收益保证贷款情况介绍

所谓土地收益保证贷款,指的是以土地收益作为还款保证的一种贷款,目前而言,也是土地金融改革的一种创新、一种尝试。试点工作开展一年来,吉林省 60 个县(市、区),已经有 42 个设立物权融资农业发展公司,其中有 22 个县(市、区)已开展贷款业务,累计放款 7464 笔,总金额 2.96 亿元,其中:投向养殖业 1.65 亿元,占比 55.7%;投向种植业 0.71 亿元,占比 24.0%;用于上学、购买运输机械以及其他消费类的 0.60 亿元,占比 20.3%。比较具有典型意义的梨树和东丰两个先期试点地区在政府部门的高度重视与大力支持下,取得了较好的成效。土地收益保证贷款的试行,在全国各地也引起了较大反响,一年来,全国各县(市、区)来此借鉴学习的次数已经超过 50 次。

从目前的情况看,土地收益保证贷款试点工作至少在六个方面取得了成效:

1.认识初步统一。在土地收益保证贷款的研究和论证中,司法部门、律师协会、农经部门、金融监管部门、金融机构和有关法律专家进行了为期一年的调查和研究。但在具体操作环节上还有不同的想法,此后,经过一年来的试点工作,金融系统、监管部门、农经系统、各级司法部门对开展土地收益保证贷款的合法性,已经达成比较统一的认识。

2.组织体系初步形成。目前,在吉林省各市(州)和县(市、区)党委和政府高度重视下,吉林省开展土地收益保证贷款的组织体系已初步形成,各县(市)的物权公司有的设立在农经系统、有的设立在财政系统、有的设立在金融办,还有的设立在经济局等部门。从运行的情况看,各施所长、各尽所能,对推进本辖域内土地收益保证贷款试点工作发挥了组织保障作用。

3.金融产品初步定型。经过一年多的试点,土地收益保证贷款这个新型金融产品的基本特点得到农民、金融机构、监管部门、政府以及相关方面的高度认可。国有银行、地方银行类法人机构和新型农村金融机构都已将其列为一种新型的贷款品种,在人员和体系建设上给予充分保障。

4.模式特色初步明确。目前看,吉林省各地土地收益保证贷款的基本模型是一致的,同时,各地根据本辖域内的地形、地貌特点探索出了很多适合本地特点的特色品种,并推向了专业合作社、家庭农场、农业龙头企业以及其他农村经济实体。

5.资本成效初步显现。目前而言,尽管全省土地收益保证贷款的放款额度只有2.96亿元,但在试点地区产生的效果极其明显,尤其是在早期试点的梨树和东丰两个县深受广大农民的欢迎。此外,土地收益保证贷款目前执行的利率为:一年期利率7.8%,三年期7.995%,五年期8.32%,低于当地借贷的平均水平,对平抑辖域内的资本价格、调动农民创业热情发挥了积极作用,农民将该产品比喻成一把致富的"金钥匙"。

6.取得了较好的社会反响。媒体对试点工作的关注十分积极,人民日报《经济周刊》2012年第44期,首次对土地收益保证贷款试点工作进行了比较全面的报道,并给予了肯定;同年12月1日中央电视台《朝日新闻》也对梨树县土地收益保证贷款工作进行了比较详细的报道;新华社则分别在2013年3月5日、15日、20日以吉林土地收益保证贷款为核心主题先后做了多次报道。此外,吉林电视台《新闻联播》、《人民日报》、《吉林日报》、《人民日报网络版》以及中央电视台的《经济信息联播》也对土地收益保证贷款进行了全面报道。总体上说,媒体对土地收益保证贷款这一金融创新模式给予了积极的关注与充分的肯定。

二、对土地收益保证贷款的几点思考

大体上说,土地收益保证贷款是促进金融资本进军"三农"产业的新思维、新举措、新路子,也是促进"三农"产业发展的重要措施。从金融产业发展的角度来看,不但增加了新的金融产品,也扩展了金融资本运作的空间;从"三农"产业发展的角度来看,金融资本的进入,有效地改变了产业发展格局,从自生性发展过渡到资本动力+产业发展的新格局。事实上,这种模式是工业发展早已验证过的高效发展模式,资本投资曾被喻为我国经济发展的三驾马车之一。而金融资本进军"三农"产业,无疑也会改变"三农"产业发展的动力结构,并对"三农"产业的发展与转型起到决定性推动作用,因而,土地收益保证贷款模式也是值得肯定的创新型金融模式,必将对农产业规模化、现代化以及培养现代农民具有积极意义与作用。

值得思考的是,用系统的观点来看,任何一项改革都是系统性改革,任何一项改革,也都会产生连锁式反应。土地收益保证贷款也不例外,其系统性影响至少存在以下三个方面:

其一,改变了农村金融的现状与结构,促进了农业资本的"血液循环"。这种循环改变了目前农村"自耕农"式的生产方式,增加了"三农"产业发展的资本因素。这种改变,至少也可以改变目前农产业的运营模式,进而加重资本在农产业发展中的决定性作用。从积极的层面来说,这种改变有利于培育现代农民的资本意识,并让"三农"产业规模化发展提速;从负面风险的角度来看,金融资本在进军"三农"产业的同时,也存在一定程度上的金融风险,特别是自然灾害的发生有可能造成农产业的巨大损失,由此为土地收益保证贷款带来连带的损失与风险。而风险防范机制的建设也应成为土地收益保证贷款的机制建设的一项内容,在国外土地银行的运营经验中,农业贷款往往是与保险机制联系在一起的,这一点对土地收益保证贷款也具有积极的借鉴意义。

其二,土地收益保证贷款客观上为农村土地大规模流动创造了条件,有可能带来一个农村土地规模化经营浪潮。在这方面,我们应当持有的观点是既要支持农村土地的流动与集中,促进"三农"产业规模化经营,也要处理好失地农民的利益获得与再就业问题。从长远的角度来看,农业现代化的过程也必然是一个农业用地不断规模化经营的过程,这个过程也会伴随着大量农业人口的转移就业或者城市化的过程。在这一点上,土地收益保证贷款加速了这个过程的进程。在本书的部分章节中,曾探讨过这些问题,在此不再赘述。

其三,土地收益保证贷款的实施,有必要评估由此带来的连锁性社会问题,并制定正确的应对措施。在这方面,需要重点考虑的仍然是土地流转、失地农民的保障以及城市化与农村劳动力转移就业等系统性问题。这些问题在本书前面的章节中都曾做过深入探讨,在这里,值得强调的根本原则与基本出发点就是如何最大限度上发挥土地效能;如何最大限度上顺畅社会人口结构的变迁路径;如何有效提高农村居民、失地农民、进城农民的社会保障水平以及如何系统地处理好金融资本与农村土地规模化经营的一系列密切相关的问题。在这一点上,笔者认为,尚需完善与土地收益保证贷款相配套的政策机制。

总的来说,土地收益保证贷款开创了金融资本进军"三农"

产业的先河,吹响了金融资本整合"三农"产业的号角,改变了长期以来金融资本无缘于农产业的不利格局,为"三农"产业向现代化迈进跨出了重要的一步。

调研报告名称:土地金融创新调查

调研目的:考察"保证贷款"在吉林省的发展状况

调研地:吉林省

调研人:董志龙

调研日期:2013 年 11 月

主要参考文献

1.陈少强、孙艳丽:《农村土地银行的比较与借鉴》,《中国发展观察》2010 年 4 月 14 日。

2.郭洁:《土地资源保护与民事立法研究》,法律出版社 2002 年版。

3.李文又、冯平涛:《国外农村合作金融发展的外生性特征及借鉴》,《金融理论与实践》2005 年第 8 期。

4.马克思:《资本论》,人民出版社 1998 年版。

5.马忠富:《中国农村合作金融发展研究》,中国金融出版社 2001 年版。

6.田克明、王国强:《我国农用地生态安全评价及其方法探讨》,《土域研究与开发》2005 年第 4 期。

7.王玉贵、王秀莲:《欧洲土地银行对土地管理的启示》,《辽宁行政学院学报》2003 年第 2 期。

8.吴敬琏:《土地产权制度的缺陷阻碍城镇化推进》,2013 年 2 月在中国经济 50 人论坛上的演讲。

9.周其仁:《土地制度改革不能完全靠顶层设计》,2012 年 11 月在"财经年会 2013:预测与战略"上的演讲。

10.周晓林、罗文斌:《国外土地银行的运作模式对我国农村改革的启示》,《农村经济》2009 年第 6 期。

后　记

　　"三农"问题一直是困扰经济社会发展的一个根本问题,历届政府对"三农"问题的重视有增无减,在经济转型与城镇化大背景中,"三农"问题已成为摆在发展面前的首要问题。在党的十八届三中全会即将召开之际,笔者从多年组织中国经济论坛的经验与感悟出发,以土地流转与"三农"问题的根本性解决之道为着眼点,历时 6 个月时间,系统总结了目前"三农"问题的症结所在,试图以构想中的新型机制来彻底完成农村的二次改革,并以这些思想成果来庆祝党的十八届三中全会的胜利召开!

作　者

2013 年 10 月 1 日